学前教育理论及应用实践研究

路 娟 著

首都师范大学出版社
CAPITAL NORMAL UNIVERSITY PRESS

图书在版编目（CIP）数据

学前教育理论及应用实践研究/路娟著．—北京：首都师范大学出版社，2023.2
ISBN 978-7-5656-7289-7

Ⅰ.①学… Ⅱ.①路… Ⅲ.①学前教育—教育理论—研究 Ⅳ.①G610

中国版本图书馆 CIP 数据核字（2022）第 234342 号

XUEQIAN JIAOYU LILUN JI YINGYONG SHIJIAN YANJIU

学前教育理论及应用实践研究
路 娟 著

责任编辑	王莉莉

首都师范大学出版社出版发行

地　址	北京西三环北路 105 号
邮　编	100048
电　话	68418523（总编室）68982468（发行部）
网　址	http://cnupn.cnu.edu.cn
印　刷	天津雅泽印刷有限公司
经　销	全国新华书店
版　次	2023 年 2 月第 1 版
印　次	2023 年 2 月第 1 次印刷
开　本	710mm×1000mm　1/16
印　张	11
字　数	201 千
定　价	55.00 元

版权所有　违者必究
如有质量问题　请与出版社联系退换

目 录

第一章　学前教育学导论 ………………………………………………… 1

　　第一节　学前教育与学前教育学 ……………………………………… 1
　　第二节　学前教育学的源起与发展 …………………………………… 9
　　第三节　现代学前教育主要理论流派 ………………………………… 14

第二章　学前教育与社会的关系 ………………………………………… 21

　　第一节　学前教育与经济的关系 ……………………………………… 21
　　第二节　学前教育与政治的关系 ……………………………………… 23
　　第三节　学前教育与文化的关系 ……………………………………… 26
　　第四节　学前教育与环境的关系 ……………………………………… 30

第三章　学前教育与儿童身心的发展 …………………………………… 33

　　第一节　学前教育在儿童发展中的作用 ……………………………… 33
　　第二节　儿童身心发展规律对学前教育的影响 ……………………… 45

第四章　学前儿童的全面发展教育 ……………………………………… 53

　　第一节　学前儿童的体育教育 ………………………………………… 53
　　第二节　学前儿童的智育教育 ………………………………………… 64
　　第三节　学前儿童的德育教育 ………………………………………… 75

第四节　学前儿童的美育教育…………………………………… 89

第五章　学前儿童游戏…………………………………………… 98

第一节　学前儿童游戏概述……………………………………… 98
第二节　学前儿童游戏的主要理论……………………………… 103
第三节　学前儿童游戏指导……………………………………… 110
第四节　学前儿童游戏与玩具…………………………………… 114

第六章　幼儿园的课程与教学…………………………………… 119

第一节　幼儿园课程概述………………………………………… 119
第二节　幼儿园课程与教学主要模式…………………………… 123
第三节　幼儿园教学活动的原则与方法………………………… 129
第四节　幼儿园教学活动的过程、环境和组织形式…………… 137

第七章　学前教育衔接…………………………………………… 143

第一节　幼儿园与家庭教育的合作与衔接……………………… 143
第二节　幼儿园与社区的教育合作……………………………… 146
第三节　幼儿园与小学教育的衔接……………………………… 148

第八章　学前教师的专业发展与培养…………………………… 154

第一节　学前教师的职业特点和作用…………………………… 154
第二节　学前教师的专业素养结构……………………………… 158
第三节　学前教师的专业发展…………………………………… 163
第四节　学前教师的培养………………………………………… 166

参考文献…………………………………………………………… 171

第一章 学前教育学导论

第一节 学前教育与学前教育学

一、学前教育

(一) 学前教育的概念

学前教育是指从出生到 6 岁儿童的教育，包括 3 岁前的婴儿教育和 3 至 6 岁的幼儿教育两个有机联系的过程。我国的学前教育是社会主义教育事业的重要组成部分，是我国学校教育的基础阶段。当前，学前教育受到全社会普遍关注，已成为不可缺少的一个教育阶段。

(二) 学前教育的种类

广义的学前教育泛指一切形式、一切场合、有目的地对学前儿童产生影响的活动，从学前儿童生活空间的角度可以将学前教育区分为学前家庭教育、学前社区教育、学前机构教育等。狭义的学前教育主要指学前机构教育，即在专门的学前教育机构中有目的、有计划地对学前儿童施加影响的活动，如托儿所、幼儿园的教育。这类机构的教育有明确的目的性和计划性，教师是接受了专门训练、符合相应的任职资格标准的专业人员。

1. 学前家庭教育

学前家庭教育是一种伴随人类社会的发展而发展的、历史悠久的学前教育形式。它以家庭为主要基地，以父母为主要实施者。

学前家庭教育的主要特点如下：

一是教育时间上的首施性和延续性。人降生后进入的第一个社会环境就是家庭环境。父母及其他长辈是儿童的首任教师，人生最初的信息刺激、教育影响首先是从家庭、父母那里获得的。因此，家庭是对儿童实施教育的最初场所，父母是对儿童实施教育的第一人。家庭的教育影响不断地延续，即使在儿童进入专门的教育机构接受教育以后，家庭的教育作用仍在发挥影响。可以说，家庭教育的影响会延续作用于人的一生。

二是教育方式、方法上的个别性和多样性。家庭教育主要是在父母与子女之间进行的，是一种典型的个别教育形式。父母的教育往往具有很强的针对性，是一种在对受教育者充分了解基础上的教育。在具体的教育方法上，父母或言传、或身教、或启发、或诱导、或赞扬、或批评，父母和子女都有较多的情感投入。这些多样化方法的选择是由具体的教育内容、情境等因素决定的。

三是家庭教育具有生活性。生活性是学前教育的一般特性，与机构教育、社区教育相比，家庭教育最具生活性。这是因为家庭教育就是在家庭生活情境中进行的，家庭教育的重要内容就是生活常识、生活习惯、生活能力、生活态度，就是帮助儿童解决生活中遇到的具体问题。

四是教育目标上的随意性和差异性。家庭教育作为家庭生活的一个组成部分，其目标受父母及长辈的认识水平和实际能力的制约，有较大的随意性。不同儿童的父母在儿童观、教育观、知识价值观及实际教育能力上的差异，导致家庭教育的目标也有很大的差异，这种差异对家庭教育的水平、质量都会产生很大的影响。

2. 学前社区教育

学前社区教育是一种与学前家庭教育、学前机构教育并存的教育形式，主要由社区组织在社区中加以实施。它是指家庭和专门教育机构以外的非正式教育。社区中一些具有一定教育功能的文化、娱乐机构，如儿童影剧院、儿童游乐室、儿童科技馆、儿童图书馆、儿童玩具城等，这些非专门教育机构是学前社区教育的主要场所和组织力量。学前社区教育是学前家庭教育和学前机构教育的重要补充。

学前社区教育的主要特点如下：

一是接纳对象的社会性。进入这类机构的儿童来自社会中不同层次的家庭，也可能来自不同的专门教育机构，因此，社区教育具有广泛性、公众性特点。另外，社区教育和机构教育不是非此即彼的关系，也可能是重合的，正因如此，它对家庭教育和机构教育才有互补作用。

二是具有娱乐性。学前社区教育往往是跟休闲联系在一起的。成人的休闲、儿童的娱乐是它的重要特质。学前社区教育是在非正式的、无压力的状态下进行的，对儿童来说，玩就是学习。

三是教育活动的群体性。学前社区教育具备群体间共同活动的条件，在这些公共活动场所，往往有很多儿童参与其中，他们之间有可能产生各种形式的相互关系。大部分的儿童是在群体性的、娱乐性的活动中扩展经验、得到发展的。很多家长将孩子带进社区的目的就是扩大孩子的交往范围，增强群体活动经验。

3. 学前机构教育

学前机构教育是指由正规的学前教育机构对学前儿童所实施的有目的、有计划的教育。它可以分为两个阶段：1.5 至 3 岁阶段的教育称"婴儿教育"，也称"托儿所教育"；3 至 6 岁阶段的教育称"幼儿教育"，也称"幼儿园教育"。

正规的学前教育机构除了托儿所、幼儿园以外，还包括学前班、混合班。学前班是一种受经济条件制约而开设的学前教育机构，为没有条件接受幼儿园三年教育的幼儿提供半年、一年或两年的学前教育。混合班主要受人口分布等因素的影响，把学前儿童集中起来，混合编班。一些居住分散、同龄儿童较少的农村地区较多地采用这种形式。

学前机构教育的主要特点如下：

一是受国家有关法规、政策的约束和指导，是我国基础教育的有机组成部分。

二是有目的、有计划地进行教育教学，旨在促进儿童的身心在原有水平上全面、和谐地发展。

三是有符合一定标准的房舍、设备及场地，能确保儿童最基本活动的展开。

四是由专业人员承担教育工作，机构中的各类工作人员不同程度地受过专业训练，尤其是教师，大多是接受过师范教育或通过教师资格考试的。

近年来，随着我国社会、经济的发展，学前家庭教育、学前社区教育、学前机构教育都在不断地向前发展。就家庭教育而言，胎教是我国学前教育史上很多教育思想家所倡导的，现在已成为一些家庭在现代化设施辅助下的、现实的教育实践。就机构教育而言，首先，办园主体日趋多样化，除了政府办园和企事业单位办园以外，个人办园的数量在近年增长迅速；其次，学前教育对象不断扩展，从对一般儿童、正常儿童的教育扩展到对特殊儿童的教育，开展了学前残疾儿童教育和学前天才儿童教育的研究和实践；最后，学前教育机构不断延伸，除了前述的正规学前教育机构（即幼儿园、托儿所、学前班、混合班）外，还发展了一些非正规机构，如社区服务中心、游戏小组、儿童指导站、流动图书馆等。这些非正规机构具有两方面的功能：一是在经济落后、人口稀少，还没有正规学前教育机构的地方使儿童尽可能接受一定的教育；二是在有正规学前教育机构的地方可弥补正规学前教育机构在时间、活动形式等方面的不足。

一般把正规学前教育机构组织实施的教育称为"正规学前教育"或"学前正规教育"，把非正规机构组织实施的教育称为"非正规学前教育"或"学前非正规教育"。总之，当前我国的学前教育是多种形式的，只有适合经济、文化发展的学前教育形式才是行之有效的。

国外学前教育的年龄范围、机构类型在不同的国家有不同的划分和规定。美国早期教育的对象为0—8岁，由不同的学前教育机构来承担，如幼儿园招收2—5岁的儿童，保育学校招收2—5岁的儿童，日托中心招收3—6岁的儿童，婴儿中心招收0—2岁的儿童。英国的早期教育对象为2—7岁儿童，它又分为两个阶段：第一阶段为2—5岁，相应的学前教育机构是保育学校；第二阶段为5—7岁，相应的学前教育机构是幼儿学校。

(三) 学前教育的重要性

2010年,《国务院关于当前发展学前教育的若干意见》指出:"学前教育是终身学习的开端,是国民教育体系的重要组成部分,是重要的社会公益事业""办好学前教育,关系亿万儿童的健康成长,关系千家万户的切身利益,关系国家和民族的未来"。由此可见,学前教育不仅仅与儿童个体的健康成长息息相关,也是关乎国家和民族未来的大事。

1. 学前教育对个体发展的价值

(1) 对儿童社会性发展的价值

幼儿园与家庭的区别之一是幼儿园为幼儿提供了与更多同伴共同生活的机会。幼儿在园中与同伴分享玩具,相互学习,同时也学习协商、让步、轮流等社会交往技能。幼儿在与成人和同伴交往的过程中,不仅学习如何与人友好相处,也在学习如何看待自己、对待他人,不断发展适应社会生活的能力。《3—6岁儿童学习与发展指南》指出,"人际交往和社会适应是幼儿社会学习的主要内容,也是其社会性发展的基本途径",幼儿园恰好是一个适合幼儿人际交往和社会适应的环境,对幼儿的社会性发展非常有益。

(2) 对儿童认知发展的价值

在幼儿园中,教师除了看护幼儿的生活外,还要为幼儿提供丰富的环境,培养幼儿正确运用感官和运用语言交往的基本能力,增进幼儿对环境的认识,培养幼儿有益的兴趣和求知欲望,培养幼儿初步的动手探究能力。学前阶段是个体智力发展最为迅速的时期,错过这一时期对个体的发展将造成不可挽回的损失。

2. 学前教育对社会发展的价值

学前教育除了对个体具有积极的作用外,还有显著的社会经济效益。

2019年1月31日,美国学习政策研究所发布了《幼儿教育有效性的实证性依据:对政策制定者的启示》,系统评价了不同幼儿教育项目的有效性。[1]

---

[1] 耿薇,吕杰昕.美国幼儿教育项目有效性的评价及启示:基于LPI研究报告[J].教育测量与评价,2020(1):23—28.

研究小组发现，很多幼儿教育项目除了对参与者的学业成就有帮助外，还具有一定的经济收益。例如，研究者们对初学者项目进行估算，认为项目参与者减少了健康医疗、犯罪和特殊教育的成本。"芝加哥亲子中心项目"每1美元投资获益11美元；而"佩里幼儿教育项目"每1美元投资获益17美元。经济学领域的研究发现，随着受教育对象年龄的增长，人力资本投入的回报率在不断降低；学前教育阶段的投资回报率在人的一生当中是最高的。

学前教育除了对社会有良好的经济回报以外，围绕早期教育项目的评估还发现，早期教育项目有助于提高参与者的升学率、毕业率，降低犯罪率，参与者成年后更有可能被雇用、收入更高，且女性成为少女妈妈的可能性更低，参与者在小学、中学阶段接受特殊教育的概率更低。

综上所述，学前教育非常重要。学前教育对人的发展的价值是学前教育诸多价值中最核心、最根本的，它对于教育事业、家庭和社会发展的价值都是以其对人的发展的价值为中介来实现的。以脑生理、心理研究为主要内容的儿童早期教育心理和教育研究的深入，使人们对学前教育重要性和价值的认识不断提高和深化。加强学前教育，为每一个儿童创造获得高质量学前教育的机会，正成为世界各国教育改革和发展的重要方面。

（四）学前教育的特点

1. 基础性

学前教育的基础性可以从两个角度说明：一是从教育体制的角度；二是从人的发展的角度。

从教育体制的角度看，幼儿园教育是学制的最初环节。《幼儿园工作规程》总则第二条明文规定："幼儿园是对3周岁以上学龄前幼儿实施保育和教育的机构。幼儿园教育是基础教育的重要组成部分，是学校教育制度的基础阶段。"这就清楚地指明了幼儿园教育在整个学校教育制度中的位置。如果说幼儿园和小学、中学一起同属于学制中的基础阶段的话，那么，幼儿园就是整个学制的基础，也就是"基础"的"基础"。有人把幼儿园教育称为"向下扎根的教育"，十分形象地说明了它的奠基性。

从人的发展的角度看，幼儿园教育的对象是3—6岁的幼儿。幼儿正处于人生发展的起始阶段，他们的身体迅速发育，心智逐渐萌生，个性开始萌芽。他们的自然生命正在接受人类社会文化的熏陶，进行着社会化过程。这一阶段所获得的学习经验不仅影响着其当时的发展，更作为其选择今后的教育影响的"过滤器"，影响到青少年期，甚至影响一生。而为幼儿提供学习经验的学前教育，更因此而具有基础性——为个体一生成长奠定根基。

2. 福利性

1987年，《国务院办公厅转发国家教育委员会等部门关于明确幼儿教育事业领导管理职责分工请示的通知》中有这样的文字："幼儿教育既是教育事业的一个重要组成部分，又具有福利事业的性质。"这就明确地指出了学前教育除了具有教育性外，还具有显著的福利性。它能为幼儿提供必要的照顾与保护，从而"解放"母亲，有助于增加社会劳动力，同时帮助家庭解决子女养育中的问题，缓解家庭育儿与亲子关系冲突，是保证家庭幸福、社会和谐的重要途径与手段。

3. 保教并重

《中华人民共和国教育法》规定，"国家实行学前教育、初等教育、中等教育、高等教育的学校教育制度"，这就从法律上确定了学前教育在整个教育体系中的地位，这个地位在《幼儿园工作规程》中被表述为"是基础教育的重要组成部分"。应该注意的是，学前教育与其他阶段的教育不同，它是保教并重的教育，强调教中有保，保中有教。形成这一特性的主要原因是教育对象的独特性。学前教育的对象是尚未入学的幼儿，他们身心发展还不完善，自理能力差，缺乏自我保护能力，是社会中最脆弱的群体，需要他人的精心照料。因此，学前教育不能缺少保育的成分，不能像其他教育阶段一样，强调正规化学习，单纯重视教育。学前教育必须将教育"寓于一日生活之中"。既要强调保育中的教育性因素，又要重视教育中的保育工作。

二、学前教育学

(一) 学前教育学的概念

学前教育学是教育学科的一个年龄分支学科,是整个教育学科体系的一部分。学前教育学是专门研究从出生至6岁儿童教育现象及其规律的科学。例如,幼儿园的教育目标应如何设置才有利于幼儿在原有水平上的发展,教师应如何创设游戏环境才能够充分发挥游戏在幼儿发展中的作用,幼儿园如何安排幼儿的一日生活才能有利于幼儿的健康发展等,都是它所要探讨的问题。

(二) 学前教育学的主要内容

学前教育学的主要内容包括:学前教育与学前教育学;学前教育学的基础;学前儿童与教师;学前教育的目标;学前儿童全面发展教育;幼儿园课程;学前教育活动;学前儿童游戏;学前教育环境;学前教育衔接。

(三) 学前教育学的任务

一是总结我国学前教育实践,借鉴国外学前教育的先进理论和经验,探讨学前教育的规律及发展趋势。

二是通过学前教育学研究,指导学前教育实践,提高学前教育科学水平。

三是通过学前教育学研究,为国家制定相关教育政策、进行教育改革提供理论依据。

(四) 学习学前教育学的方法

学前教育学直到19世纪后期才作为一个独立学科在欧洲出现,是一门新兴学科。它与卫生学、心理学、幼儿园各领域教育等有着密切的联系,且与哲学、政治经济学、伦理学、语言学等其他社会学科以及数学、生物学等自然学科之间发生着渗透。学习学前教育学应以相邻学科,如生理学、心理学、教育学、社会学、生态学的基本理论及最新科研成果为科学基础,探讨学前教育理论及学前教育领域中的新问题,同时应遵循理论联系实际的方针,既努力掌握本学科的基本理论,打下较扎实的理论基础,又注意联系托儿所、幼儿园实际,进行或参加一些调查研究和教育实践活动。在学习过程中还应注意培养各种能力,如自学能力、分析问题和解决问题的能力、独立思考能力、实践和动手能力、书面和口头表达能力等。

第二节 学前教育学的源起与发展

一、西方学前教育学的产生

在西方，对学前教育理论形成起重要影响作用的是文艺复兴运动。这是一场向中世纪教会制度影响下的宗教神权主义的宣战，是一场思想解放运动，人文主义思想的旗帜在这场运动中得以高扬。人文主义的思想反对神权统治，崇拜现实，追求人的解放和自由。人文主义思想主张发展人的个性，认为人有巨大的创造力，人能创造一切，因而人也必须要享受一切。意大利人文主义者威尼斯的《儿童教育论》，尼德兰人文主义者伊拉斯谟的《幼儿教育论》及西班牙人文主义者比维斯的《基督教女子教育论》都是文艺复兴时期人文思想在儿童教育方面的体现。然而，西方学前教育思想的形成，以下所述人物及所作的贡献更为重要。

夸美纽斯（1592—1670）是捷克教育家，他高度评价了教育对人发展的作用，主张所有的儿童都应受教育，提出了普及教育。他设计了一个学校系统，把受教育的时间划分为四个阶段，每个阶段6年，由相应的学校进行教育。第一个阶段是婴儿期（0—6岁），儿童在母育学校接受家庭教育。夸美纽斯著有《母育学校》一书，这是历史上最早论述学前教育的专著。夸美纽斯认为，学前教育应当在家庭中进行，家庭就是母育学校，母亲就是母育学校的教师。夸美纽斯的母育学校实际上就是学前教育机构。母育学校为儿童以后所要学习的一切奠定基础，这一时期的儿童所接受的应当是简易的实物课程。夸美纽斯在其代表作《大教学论》中阐述的基本教育原理，即一切教学必须依循自然的秩序，这一观念对后世的学前教育影响颇深。他编写的《世界图解》是历史上第一部看图识字课本。夸美纽斯总结了古希腊、古罗马和文艺复兴时期的学前教育经验，第一次以家庭为背景，较系统地探讨了学前教育规律，为世界学前教育理论的形成奠定了一定的基础。

卢梭（1712—1778）是法国启蒙思想家、哲学家、教育家、文学家。他在《爱弥儿》一书中对封建的旧教育进行了猛烈的批判，他反对封建经验主义教育压制儿童的个性，束缚儿童的自由，强迫儿童盲从的做法。卢梭认为，儿童的天性是好的，教育应遵循儿童发展的自然规律，顺应儿童的天性。父母应教养孩子，让孩子进行体育锻炼，努力增强孩子的体质，发展孩子的感觉和语言。他还首次详细地论述了"发现法"，主张对孩子进行直观教学，让孩子在活动中自然成长。卢梭确立的"以儿童为本位"的教育观，一方面唤起了人们对儿童天性的注意和尊重，另一方面也开创了儿童中心主义教育思潮之先河。

英国空想社会主义者欧文（1771—1858）在《新社会观》《新道德世界书》《人类思想和实践中的革命》等著作中，阐述了自己独到的学前教育思想。他认为，人的性格主要受遗传因素和后天环境的影响，而一般贫民没有条件和能力教育孩子，因此，应把这些贫民的子女送到协作社或新村接受公共教育。他主张用科学代替宗教和迷信，让儿童学会辨别真伪、吸收真正的知识。教师要亲切和蔼地对待儿童，用实物和直观教具进行教学，与孩子开展热烈的交谈，以便使孩子学到一般课程的初步知识。1816年，欧文在苏格兰新拉纳克创办了"性格形成新学园"，这是欧洲最早的学前教育机构。

裴斯泰洛齐（1746—1827）是瑞士教育家，深受卢梭教育思想及社会思想的影响，创办过孤儿院，后又在主持的孤儿院从事初等教育试验，为贫民开办了专招6岁以下儿童的幼儿学校。他实施的教育主要包括两个方面的内容：一是实施爱的教育，激发儿童的良心，培养儿童善良的情感和团结友爱、互助合作的精神，使孤儿院的教育和生活家庭化；二是实施劳动教育，针对儿童的年龄特点组织劳动训练，促进他们体力、智力和道德的发展，从而获得生活必备的劳动技能。他主张幼儿期的教育应采取直观的方法，通过孩子日常接触的事物进行教学。裴斯泰洛齐的主要著作有《林哈德和葛笃德》《立法与杀婴》《幼儿教育书信》等，其中《幼儿教育书信》归纳了他的学前教育原理和方法。

福禄培尔（1782—1852）是德国教育家。他对学前教育的主要贡献是：

第一，重视学前教育。福禄培尔强调人的教育应从儿童早期（出生至入学前）开始，他认为儿童未来生命之树的胚芽若在这时受到损害，将来要克服极大的困难才能成长。第二，倡导自由教育。福禄培尔认为人的天性是善的，出生时善的本质已处于萌芽状态。人的发展就是这种内在的完善本质的发展，教育可以助长这种发展。他认为一切真正的发展，所有真正的教育，就是一种自导的、帮助儿童内部发展的过程。第三，对游戏、作业进行系统的理论阐述，确立了游戏在学前教育中的地位和作用。第四，发明了名为"恩物"的一套玩具，即12种手工材料，作为幼儿园的核心"教材"。福禄培尔对学前教育的理论基础、内容、原则、方法、玩具、游戏等都进行了详细的阐述，因此，他被誉为近代幼儿社会教育理论的奠基人。尽管他的理论具有神秘主义色彩，教学内容和方法也有宗教成分，但他毕竟建立起了幼儿社会教育的理论体系。他的主要著作是《人的教育》。福禄培尔于1837年在勃兰根堡建立了一所幼儿学校，1840年将其命名为"幼儿园"，这是世界上第一所幼儿园。因此，福禄培尔被称为"幼儿园之父"。

至此，西方学前教育理论体系基本形成，学前教育学作为一门独立的学科也就应运而生。

二、中国学前教育学的产生与发展

（一）促使中国学前教育学形成的主要人物及思想

在我国，对学前教育理论起重大影响作用的是五四运动。五四运动是一场思想解放运动。它在反帝、反封建的同时，注重西方资产阶级文化教育思想的引入和借鉴，形成了平民教育、实业教育、科学教育、国民教育、美感教育和实用主义教育等思潮，这些思潮对我国学前教育理论的形成产生了很大的作用。蔡元培、陶行知、胡适等人在宣传和介绍美国教育家杜威的教育思想方面做了大量的工作。他们所推崇的杜威的"儿童中心论"对于旧的、传统的、以教师为中心的教学模式的改造具有一定的推动作用。此外，鲁迅、蔡元培、恽代英等人提出的"反对封建的儿童观，尊重和发展儿童的个性"的主张对于建立新型的、注重儿童个性的儿童观、教育观，对于现代儿童教育思想的形成都起到了积极的作用。

五四运动前后留美回国的陶行知、陈鹤琴等人对我国学前教育理论的形成发挥了关键作用。一方面，他们充分吸收了杜威的实用主义教育思想，批判和反对束缚儿童的封建礼教。陶行知提出对儿童应实施六大解放：解放儿童的头脑，让他们能够去想、去思考；解放儿童的双手，让他们去做、去干；解放儿童的眼睛，让他们去观察、去看事实；解放儿童的嘴巴，使他们有足够的言论自由；解放儿童的空间，让儿童从鸟笼式的学校里走出来；解放儿童的时间，使儿童做支配时间的主人。陈鹤琴也指出："常人对于儿童的观念之误谬，以为儿童是与成人一样的，儿童的各种本性本能都同成人一色的，所不同的，就是儿童的身体比成人小些罢了。""我们为什么叫儿童穿起长衫来？为什么称儿童叫'小人'？为什么不准他游戏？为什么迫他一举一动像我们成人一样？这岂不是明明证实我们以为儿童同成人一样的观念吗？""假使我们要收教育的良果，对于儿童的观念，不得不改变；施行教育的方法，不得不研究。"[①]

另一方面，他们开展了对学前教育理论和实践的探索。陶行知发表了《创设乡村幼稚园宣言书》《幼稚园的新大陆》《如何使幼稚教育普及》等具有人民性、进步性的文章，并和陈鹤琴在第一次全国教育会议上提出了《注重幼稚教育案》。他带领学生建立了我国第一批乡村幼稚园和劳工幼儿团，创建了我国第一所乡村幼儿师范学校，并组织了乡村幼教研究团体，开展了卓有成效的实证研究，为我国学前教育理论的形成做出了不可磨灭的贡献。陈鹤琴为我国学前教育理论的形成做出了突出的贡献。他毕生的研究和探索主要集中在学前教育及与此相关的幼师、高师教育，在他400多万字的著作中，很大一部分是有关学前教育的论述。他率先在我国用实验法研究儿童心理，并写成《儿童心理之研究》，率先采用实验法在其创立的我国第一所实验幼儿园中开展学前教育研究，并发表了一系列研究成果，涉及幼儿园课程、设备、教育、教学的目的、内容、方法等方面。1928年《幼稚教育丛

[①] 陈鹤琴.陈鹤琴全集：第一卷[M].南京：江苏教育出版社，1987：1.

刊》介绍了他的实验研究成果。这些成果成为1932年颁布的《幼稚园课程标准》的基础。另外，他还发起组织幼稚教育研究会，创办了我国最早的幼稚教育研究刊物《幼稚教育》。这些都推动了我国学前教育理论的建设和发展。到20世纪40年代，陈鹤琴的学前教育思想日臻结构化，他在进一步实验研究的基础上发表了《活教育——理论与实践》《活教育的创造》《活教育的教学原则》等著述，建立了活教育的理论体系。这个体系是陈鹤琴及其弟子在西方进步主义教育思潮的影响下，探索适合中国国情的学前教育理论的最宝贵成果。它标志着我国学前教育理论的初步形成。

（二）新中国成立后我国学前教育学的发展

新中国成立以后，我国学前教育的理论和实践发展大致经历了三个阶段：

第一阶段（1949—1957），我国初步建立了具有社会主义特性的学前教育理论体系。新中国成立后，中共中央作出了加快社会主义改造，向苏联学习社会主义验的决定。20世纪50年代初，在吸取老解放区学前教育经验和借鉴苏联教育理论的基础上，我国颁布了《幼儿园暂行规程》，从教育目标、内容、形式等方面做了明确的规定，从而明确了幼儿园的双重任务和教养并重的方针，强调了学前教育的目的性、计划性以及各科教学的思想性、系统性和科学性。自此，我国逐步形成了受苏联社会主义学前教育理论影响的社会主义学前教育理论。

第二阶段（1958—1976），我国学前教育在曲折中前进。随着我国社会主义建设的深入，学前教育虽然有起有伏，但总体是向前发展的。"文化大革命"前的17年中，幼儿园数量大增，幼儿园教师队伍也基本建立起来，幼儿园教育的各项规章制度大体确立。一个社会主义学前教育的新体系基本形成。进入"文化大革命"时期后，我国学前教育受到了较大的冲击。新中国成立以来托幼工作的成绩被否定，托幼事业遭到严重摧残。

第三阶段（1977年至今），我国学前教育在改革中呈现出勃勃的生机。1976年10月，"文化大革命"结束。我国学前教育在经过了这一严峻的考验之后，也以更成熟、更坚定的步伐，开始进入新的发展历程。20世纪80年代，我国幼儿园教育改革拉开了帷幕。幼儿园综合教育课程、活动教育课程、农村学前一年课程改革、游戏课程、幼儿园整体课程、幼儿能力课程等以幼儿园课程为核心的教育改革风起云涌。

随着整个社会的改革和发展,学前教育也发生了可喜的变化,反映在学前教育理论的发展方面,可概括为以下几点:

一是在学前教育理论体系的构架上,逐步摆脱苏联学前教学理论的束缚,从我国学前教育理论研究的现实出发,从我国学前教育实践的基本特点出发,从正在改革或形成的学前教育基本理论观念出发,构建我国学前教育理论的基本构架。

二是在继续关注和研究苏联学前教育理论改革和发展的同时,注意吸收和借鉴西方学前教育及其相关领域的理论研究成果,对皮亚杰的认知发展理论、布朗芬布伦纳的人类发展生态学理论、维果茨基的社会文化历史理论等的研究、吸收、借鉴便是例证。

三是注重学前教育理论的现实"发生"。多年来广大理论工作者做了大量的调查研究和实证研究,尤其是一些建立在学前教育实践基础之上的实证研究,对我国学前教育理论的改革和发展起了重要的作用。以学前教育课程为例,如果说近年来学前教育课程理论已向成熟化迈进了一步,那么,可以肯定地说,这一步是由全国教百个课程研究的方案及其成果共同推进的。

四是学前教育理论研究不断深入,在注重学前教育目标、课程及其标准、有关领域的教育等方面研究的同时,注重一些深层次的课题研究,如有关学前教育观念体系、具体教育活动中的师生关系、儿童与教育情境中人和物的各种互动方式及性质、学前教育活动的结构及其变异等。这些深入的研究对学前教育理论的完善是十分重要的。

第三节 现代学前教育主要理论流派

一、杜威的学前教育思想

杜威(1859—1952)是美国哲学家、社会学家和教育学家,他对美国乃至世界现代教育包括现代学前教育的发展起了重要的作用。杜威的教育理论是建立在其儿童观基础之上的。杜威认为，儿童的本性在于他具有与生俱来的本能、冲动和需要，儿童具有自我生长的能力。而儿童是在活动中，通过与环境相互作用而获得发展的，儿童的发展存在着个别差异。由此，杜威认为教育的本质是"教育即生长""教育即生活""教育即经验的不断改造"。

（一）教育即生长

杜威认为，儿童的心理内容基本是以本能活动为核心的习惯、冲动、智慧等先天生理机能的不断发展、生长，教育的本质和作用是促进这种本能的生长。在杜威看来，教育绝不是强迫儿童去吸收外面的东西，而是要使人类与生俱来的能力得以生长。杜威提出了"儿童中心主义"教育原则，反对把教育变成一种外在的压力，反对忽视儿童内部的机能、倾向。他主张儿童是中心，教育的措施要围绕儿童组织起来。

（二）教育即生活

杜威认为，人的发展是人与环境相互作用而产生的，人不可脱离环境，学校也不能脱离眼前的生活。因此，教育就是儿童现在的生活过程，而不是将来生活的预备，应把学校改造成简化、净化的雏形社会。学校中的课程不应着眼于文字科目，而应着眼于儿童现在的生活经验。教学应该从学习者现有的直接经验开始，注重培养儿童对现实社会的适应能力。

（三）教育即经验的不断改造

杜威认为，教育是一个过程，是儿童通过活动去体验一切和获得各种直接经验的过程。儿童学习知识、认识外部世界的本质在于儿童通过活动不断增加、改造自己的亲身经验，这个过程是没有止境的。杜威主张"做中学"的教学方法。杜威提出，人最初的知识，最能永久不忘的是关于"怎样做"的知识。因此，杜威强烈反对以既有知识为中心的教材和由这种教材组成的学科课程，极力强调教材的中心应是各种形式的活动作业，如木工、缝纫和各种服务性劳动等。

杜威通过对教育本质的论述，驳斥了传统教育的"三中心"，以生活化的教学取代传统的课堂讲授,以儿童的亲身经验代替书本知识,以学生的主动活动代替教师的主导,实际上是以"现代教育三中心"取代"传统教育三中心"。他所提倡的"现代教育三中心"曾被各国的许多学前教育工作者视为学前教育工作的指导思想,或加以借鉴、利用,从而对学前教育的理论与实践产生了重要影响。杜威教育理论中的"经验""活动"等概念范畴至今仍具有重大的理论和实践价值。杜威的代表作有《儿童与课程》《我的教育信条》《民主主义与教育》《经验与教育》等。

二、蒙台梭利的学前教育思想

蒙台梭利(1870—1952)是意大利儿童教育家、医生,曾任罗马大学附属精神病院临床助理医师,主要研究残疾和智力低下儿童的心理和教育。1907年,蒙台梭利在罗马开办"儿童之家"。招收3—7岁的贫苦儿童,进行教育实验,力图以医学、生理学、心理学为基础,采用直接观察的研究方法,建立"科学的教育学"。

蒙台梭利的教育思想主要包括:第一,教育的目的在于发现儿童"生命的法则",使每个儿童具有的天赋潜能在适宜的环境中得到自然的发展,在了解儿童的基础上促进儿童的全面发展。第二,教育的根本原则是使儿童获得自由,使儿童从妨碍其身心发展的障碍中解放出来,使儿童的天性得到自然表现。蒙台梭利认为,在她的学校里,儿童是自己在学习,而非强制性的,教师的作用在于提供符合儿童身心发展规律的环境,帮助儿童实现自我教育。第三,蒙台梭利强调儿童的感官训练和肌肉练习,设计了训练感觉的教育活动,对儿童进行感觉教育,让儿童在操作中认识客观事物的特性及客观事物之间的关系。她根据儿童的身心发展特点设计了一系列教具。

蒙台梭利的学前教育理论比福禄培尔的学前教育理论少了些宗教色彩,多了些生物学和心理学的科学基础,且吸收了近代教育学的部分进步观点,因而更具科学性。她的主要著作有《适用于儿童之家的幼儿教育的科学方法》《有吸收力的心智》《童年的秘密》等。

三、弗洛伊德和埃里克森精神分析学派的学前教育思想

弗洛伊德（1856—1939）是奥地利心理学家、精神病医师，精神分析学派创始人。埃里克森（1902—1994）是美国心理学家，新精神分析学派的代表人物。他们之间理论上的不同点主要表现在弗洛伊德较多地强调生物本能决定论，而埃里克森在接受弗洛伊德理论影响的同时，反对其生物本能决定论，强调社会文化生活对人格发展的影响。

精神分析学派的学前教育思想可以归结为以下几个方面：一是强调早期经验对人格发展的重要性。精神分析学派认为早期经验会影响、抑制或形成人的某种特殊性格，童年生活经验对儿童的一生有重大影响。对一个人过去知道得越清楚，越有可能了解他行为发生的原因。二是强调教育的目的在于健全人格的培养。弗洛伊德将人格的结构分为本我、自我与超我，并且强调自我的重要性。如果自我的功能发挥得不好，便无法认清事物本身，甚至无法接触到真理。一个性格有偏差的人无法真正体验到人际关系的正确意义，一个自恋的人对于爱的体验和了解往往没有常人那么深切。人格不同对事物的了解也就各异，从这个意义上说，人格的培养不只是影响人格发展本身，还从一定程度上影响事物的认识——人的认知层面。三是以儿童的发展为前提开展道德教育，避免教条灌输。道德教育是一种不断人格化的力量，其成败影响着一定社会团体的内在聚合力及社会性格。精神分析学派在道德教育方面提出了"人格化"的教学方法，认为所有的品德必须能在实际活动和体验中纳入人格，才能陶冶出行善的能力。此外，他们认为"超我"是个人在社会化过程中将社会规范、道德标准、价值判断等内化形成的结果。如果"超我"的权威过大，易造成过多的焦虑和不安，使一个人丧失活力和朝气，所以人格教育应以儿童的发展为前提。四是强调良好教育环境的创设，发展儿童多种能力，尤其是培养儿童的创造力。精神分析学派强调使儿童形成良好的态度，形成良好的自我，注重情感培养，鼓励发挥想象，提供自由外放的教育环境，鼓励儿童的创造性思考。

精神分析学派虽没有形成系统的学前教育理论，但在他们的著作中有不

少对学前教育理论构建具有启发意义的思想，相关的著作有《儿童期与社会》《同一性：少年和危机》等。

四、班杜拉社会学习学派的学前教育思想

班杜拉（1925—2021）是美国心理学家。他把学习理论、认知理论和信息加工理论中的有关观点结合在一起，以系统的实证研究为基础，形成了社会学习理论。

班杜拉的主要观点有：一是强调个人和环境因素对学习的影响。因为人类心理功能的形成和完善受制于个人、环境和行为不断交互作用的历程。所以，成人在指导儿童学习时，除了重视个人能力的发展以及情绪反应、认知过程外，还应注重创设良好的环境。因为无论透过有意安排的还是随意发生的观察途径，环境力量均可以左右个人行为的发展。二是认为儿童通过直接体验和观察产生学习。班杜拉对儿童的攻击性行为及其产生的家庭因素、模仿过程、观察学习以及行为矫正进行了研究，并提出了相关的理论观点。他认为，直接体验是人类最基本的学习方式，据此，个体可以学会分辨是非、利弊、斟酌行为。但许多学习不必要通过直接体验，通过观察学习便可以获得，观察者可以在付诸行动之前，对新的行为具有初步的概念，如有强烈的模仿动机，自然容易达到学习效果。观察可以是对积极行为的肯定和强化，也可以是对消极行为的否定和不强化。所以示范教学、观察示范等都是学前教育中行之有效的方法。三是强调教师和成人的素质。因为教师和成人，尤其教师是行为的楷模，是被观察和模仿的对象，所以必须保持言行一致。教师要与儿童建立良好的师生关系，既善于引导儿童进行观察和模仿，又善于避免儿童对消极行为的观察和模仿，并能很好地运用奖惩的手段。班杜拉的教育思想主要适用于社会学习方面，他的主要著作有《青少年的攻击行为》《社会学习与人格发展》等。

五、皮亚杰认知学派的学前教育思想

皮亚杰（1896—1980）是瑞士儿童心理学家。皮亚杰心理学的理论核

心是"发生认识论",主要研究人类的认识(认知、智力、思维、心理)的发生和结构。皮亚杰认为,心理、智力、思维,既不是起源于先天的成熟,也不是起源于后天的经验,而是起源于主体的动作。这种动作的本质是主体对客体的适应。主体通过动作对客体的适应,是心理发展的真正原因。

皮亚杰关于学前教育的主要观点有:一是强调儿童与环境的相互作用——活动的重要性。他认为,儿童发展的每一个阶段都是由儿童的成熟和环境的相互作用产生的。儿童就是通过各种有组织的活动,探索、了解外界的客观事物,了解客观事物之间的关系。他还强调儿童的主动活动,认为人初生的反射活动不是机械被动的,而是一开始就表现出真实的能动性。儿童的发展主要在于儿童本身主动的建构活动,在于有机体自身所具有的积极的适应能力。二是强调教育的目的在于培养儿童的创造力和批判力。皮亚杰对认知活动探究的重心在于"智慧如何发展",所以他所倡导的教育目的不在于增进知识、注入知识,而在于使儿童发现与发展的可能性表现出来。皮亚杰指出,教育的第一目的在于培养能做新事情、有创造力与发明才干的人,而不在于训练只能重复既有事物的人。换言之,就是要培养具有创造力、富有想象力与发明能力的人。教育的第二目的,在于培养批判、求证的能力,而不在于接受所提供的一切。三是注重儿童的兴趣和需要,重视游戏的作用,把儿童的兴趣、需要看作儿童心理发展的动力,并强调要考虑不同年龄儿童特殊的兴趣和需要。他认为,游戏是儿童学习新的、复杂的客体和事件的一种方法,是巩固和扩大概念、技能的方法,是思维和行为相结合的方法。儿童认知发展的阶段决定了儿童在特定时期的游戏方式。

皮亚杰为现代学前教育学的建立提供了认识论的基础。他首次将数理逻辑作为刻画儿童思维发展的工具,描绘了个体从出生到青年初期认知发展的路线。皮亚杰在《儿童的语言与思维》《儿童的道德判断》等著作中,还深入探讨了儿童语言和道德产生与发展的规律,并提出了相应的教育对策,使人们对儿童的心理有了更深刻的认识。

六、维果茨基社会文化历史理论的学前教育思想

维果茨基（1896—1934）是苏联著名的心理学家，社会文化历史理论的创始人，其代表著作有《思维和语言》《学龄前期的教学与发展》《学龄期教学与智力发展问题》等。

社会文化历史理论认为，人的高级心理机能亦即随意的心理过程，并不是人自身所固有的，而是在与周围人的交往过程中产生与发展起来的，是受人类的文化历史所制约的。维果茨基特别强调社会文化历史在人的发展过程中的作用，尤其强调活动和社会交往在人的高级心理机能发展中的突出作用。他认为，一方面，高级的心理机能来源于外部动作的内化，这种内化不仅通过教学，也透过日常生活、游戏和劳动等来实现。另一方面，内在的智力动作也外化为实际动作，使主观见之于客观。内化和外化的桥梁便是人的活动。

维果茨基在说明教学与发展的关系时，提出了"最近发展区"理论。他认为，教学必须要考虑儿童已达到的水平并要走在儿童发展的前面，为此，要确定儿童的发展水平。儿童发展有两种水平：一是现有的发展水平；二是在有指导的情况下借助成人的帮助可以达到的解决问题的水平，或是借助他人的启发、帮助可以达到的较高水平。这两者之间的差距，即儿童现有水平与经过他人帮助可以达到的较高水平之间的差距，就是"最近发展区"。这一思想对正确理解教育与发展之间的关系，具有重要意义。

维果茨基的社会文化历史理论揭示了人类整体与个体心理发展的本质，他的教学心理思想改变了传统的教学观，有利于建立新型的因材施教观，是现代流行的"支架教学"观的渊源和理论基础。

第二章 学前教育与社会的关系

第一节 学前教育与经济的关系

经济与教育的关系是社会诸因素中尤为重要的因素，经济决定教育，教育反作用于经济。随着社会的进步发展，教育的发展愈加离不开经济的发展，而经济的发展亦离不开教育的发展和改进。

学前教育是家庭与社会机构向入学前这一阶段儿童实施的教育，学前教育实施又为经济发展提供便利条件和促进作用。

一、经济与教育

经济概念可有多种含义，教育上所谈的经济概念就是物质生产方式运动，其中生产方式就是生产力和生产关系的统一体，而作为构成经济的基础的生产力和生产关系，都对教育发生着影响作用。

生产关系是生产过程中人与人的关系，即在占有生产资料、生产参与、分配、交换、消费等活动中人与人的关系。私有制的生产关系下分配不均，交换不等价，消费差异悬殊。生产关系决定教育的性质与发展，教育也就具有了社会关系的属性。人类社会经历了不同生产关系的发展阶段，也构成不同的社会形态及与社会形态相对应的教育。例如，奴隶社会的教育、封建社会的教育、资本主义社会的教育和社会主义社会的教育等，它们都有着本质的不同。

构成生产方式的生产力对教育的直接影响在 20 世纪中期以后则变得较为明显起来。由于科技革命所引起的生产力的巨大发展改变了陈旧的观念，人们开始重视生产力发展对教育所产生的直接影响。因为在手工工具时代，生产技能简单，人们凭借人力、畜力、风力、水力为动力，劳动经验的信息也十分简单，因而传授劳动经验可随劳动过程进行，不需要专门的培养，只有少数为官者则需要进行专门培养以获得某些统治技能；进入大机器时代以后，人类经历了从蒸汽机到电气化的科技飞跃，劳动技能需经专门的培训，劳动本身开始大规模社会化，并分出管理人员、技术人员和熟练工人等不同的劳动角色。这就需要教育一面培养脑力劳动者，一面培养操作工人。因而大规模的各级各类培训学校随着需要而产生；而自从第二次世界大战后爆发第三次技术革命，人类进入自动化时代以来，自动化机器的操作使体脑分离缩小，劳动过程中脑力劳动的复杂程度增大，向教育提出了培养高级技术人才以及以知识和智力为基础的掌握劳动技能的生产工人这更高质的要求。同时要求教育还依据生产结构的变化在专业设置、人才层次、劳动力结构上保持量的适应性，如工农业劳动者的比例、生产性劳动与非生产性劳动人员的比例、劳动者技术水平的层次结构等都应不断调整以适应生产力的量的变化，也就是按生产力量的变化来调整教育发展的规模。这种调整适应性是通过人才预测的方法（运用科学的调整统计）而进行的。

教育与生产力的相适应还有时间与空间性方面的问题。终身教育的提出正是为了解决时间适应性，它使直接生产劳动期相对缩短，培训教育期不断延长乃至终身。教育的空间适应性则表现在教育的合理空间地理布局上，使教育结构、专业设置、人才层次与各地区生产力的布局相适应。例如，当前我国农村教育应转到为当地经济建设服务的轨道上来就是空间适应性的要求。

总之，社会经济制约教育、影响教育，但这方面因素的影响又是与其他因素对教育的影响交织在一起而发生作用的。因为人在其间是社会的主体，要起调节和决策的作用。

二、经济与学前教育

（一）生产力发展与学前教育

生产力水平决定学前教育的形态。生产力水平决定学前教育的发展是在于生产力决定了社会对学前教育的重视程度；生产力水平决定了社会对学前教育的经费投入；生产力水平还决定学前教育内容与手段的变革，并决定学前教育的目标变迁。

以电子信息工程、生物工程、核动力工程、化学工程为标志的现代科学技术的发展，推动了现代生产力的高度发展，生产力的发展对人的素质要求日趋全面与提高。而这在教育上的直接反映就是教育的起点相应提前，社会受教育的程度相应提高，教育趋于终身化。进入20世纪80年代以来，各国学前教育普遍受到社会的重视，许多国家的正式学前教育机构和非正式儿童活动场所都呈现广泛、多种形式的发展。

（二）生产关系与学前教育

阶级社会中学前教育显然存在着不平等，社会主义社会中则消灭了这种现象；学前教育首先向广大工农劳动者开展，并向着大众化、平衡化、非特殊化方向发展，学前教育机构内部人际关系是民主、平等的。

（三）生产方式与学前教育

生产方式的变革导致学前教育目标、内容、形式和手段的变革。例如，学前教育机构的目标在社会历史发展中就先后经历了四个阶段的变化：

第一阶段，初创时期——主要为工作的母亲照管儿童；

第二阶段，19世纪下半叶至20世纪上半叶——不限于看护儿童，还对儿童施行促进其身心发展的教育；

第三阶段，20世纪六七十年代——以发展儿童智力为中心的学前教育；

第四阶段，20世纪80年代以后——促进儿童身体的、情绪的、智能的和社会性的全面发展。

上述目标的变化就是由生产方式变革这一根本原因所导致的。

第二节　学前教育与政治的关系

一、关于政治的基本概念

马克思主义认为政治是经济的集中表现，政治是以一定的经济为基础的，政治又极大地影响经济的发展。政治体系由两部分构成：

一部分是理念、意识。这包括政治观念、政治态度、政治信念、政治标准，如对待四项基本原则的态度、主义信仰等。

另一部分是权力机构。这里包括政治权力、政治制度、政权机关、政党等。

二、政治对教育的影响（政治与教育的关系）

（一）政治对教育目的的影响

教育目的决定着教育的很多方向（如为哪个阶级服务等），表现着教育的性质。统治阶段代表本阶级的经济利益与政治利益，制定本社会的教育目的或干预教育目的的制定，其具体表现为以下几点。

第一，统治阶级利用其拥有的立法权，颁布一系列教育法律、政策和规章，以保证合法地实现教育目的。

第二，统治阶级利用其拥有的组织、人事权利控制教育者的行为导向，使之符合教育目的。

第三，统治阶级通过行政部门控制公职人员的选拔与录用。

第四，统治阶级还通过经济杠杆控制教育方向，并对办学权力进行严格控制（民间办学均要申请审批）。例如，美国政府就通过资助各个学校以便对私立教育进行干预或控制。

（二）政治对教育制度的影响

第一，教育制度必须保持与政治制度的一致性，并与之相适应，教育制度往往都随政治发展而变革。

第二，政治对教育制度的改革起定向和支持作用。例如，当前我国社会主义市场经济体制的建立，就为整个教育领域里的改革规定了大致发展方向，即如何迅速建立起与市场经济体制相适应的一套教育体制。而与此同时，社会主义市场经济体制的建立又为民办、私立教育的发展提供大力支持。

（三）政治对教育财政的影响

第一，政治决定教育经费份额的多少。统治阶级根据其政治发展及统治利益的需要，会随着社会发展而不断调整教育经费在整个社会总投入中的份额。

第二，政治决定教育经费的筹措。政府会根据其财政收支情况及政治需要而决定教育经费的筹措办法，或者是完全由政府财政支出，或者由民间集资、私人出资，或者三者兼而有之。

（四）政治对受教育权的影响

任何一个社会的受教育机会都是由统治阶级来分配的，如阶级社会里的等级制，贫富差距悬殊，贫民阶层就不可能也没有条件接受教育。

三、政治与学前教育

（一）政府权力机关及职能部门对学前教育的重视与领导，是发展学前教育的决定条件

新中国成立后的历史事实充分说明，一个地区或部门的权力机构和领导人对该地区学前教育发展与改进起着决定性作用。如果他认识到学前教育的重要性并大力支持发展学前教育的话，则该地区的学前教育将会有与众不同的发展。

（二）不同社会制度下接受学前教育的程度不同

我国学前教育发展得欣欣向荣正是社会主义制度优越性的体现。我们要充分利用我国社会制度所创造的优良条件，为发展我国学前教育事业在以下几个方面做出贡献：有法规依循；受社会重视；有经济保障；有完备的管理体制；有师资培训保障；有研究工作不断为改革提供研究成果。

（三）政治决定学前教育的目标

我国学前教育要为社会主义政治服务。而我们社会主义制度下幼儿园保育和教育的目标是：促进幼儿身体正常发育和机能的协调发展，增强体质，培养良好的生活习惯、卫生习惯和参加体育活动的兴趣。发展幼儿正确运用感官和运用语言交往的基本能力，增进其对环境的认识，培养有益的兴趣和

动手的能力，发展智力。萌发幼儿爱家乡、爱祖国、爱集体、爱劳动的情感，培养诚实、勇敢、好问、友爱、爱惜公物、不怕困难、讲礼貌、守纪律等良好的品德、行为、习惯，以及活泼、开朗的性格。萌发幼儿初步的感受美和表现美的情趣。教育目标是培养社会主义的一代新人。这一切均体现了教育的政治方向。

第三节　学前教育与文化的关系

一、关于文化的一般概念

广义概念——人类在社会历史实践过程中所创造的物质财富和精神财富的总和。

狭义概念——较普遍地把文化看作为社会的精神文化，即社会的理想道德、科技、教育、艺术、文学、宗教、传统习俗等及其制度的一种复合体。

在这里论述文化与教育的关系主要指一般定义的狭义文化。

文化与社会共存，文化存在于社会中，没有人类社会也就自然没有人类文化，人与动物也就没有区别了。

二、文化与教育的关系

教育是文化的一个组成部分，是文化大系统中的一个因素，要考察教育的发展及规律，必须考察文化。文化是非经济因素，如民族的文化传统、人的文化及素质、文化结构要素以及人们的文化心理状态都是构成社会人的行为模式的基因。不了解这些范畴，则无法认识它对教育和经济发展的影响。

例如，某个地区经济发展了，对教育却产生了负效应，即导致一批学龄儿童弃学经商，这其中，文化就起了约束和妨碍教育发展的负面作用——人们认识的短见与知识的浅薄导致教育发展的受挫。

文化对教育的影响一般表现为以下两个方面：

一方面，文化是政治经济作用于教育的中介，即传导一定的政治经济的要求，反映一定的政治经济的性质与水平。例如，舆论文章、书籍、影视导向正是现实文化反映政治经济，政治经济的要求影响教育。

另一方面，文化还可主动地、相对独立地影响教育。例如，传统文化观念、外国文化渗入等都不是现实经济的反映，却在影响着教育。

三、我国文化传统对教育的影响作用

（一）对教育目标及人才标准的影响

我国伦理文化把崇善作为最高范畴，西方文化把爱智作为教育范畴。

因为我国传统教育的最高目标是道德完善，它培养的是贤者与君子，把道德教育置于首位，"修身、齐家、治国、平天下"，正是这种伦理型文化使我国历来具有重视教育的传统。在教育过程中，注重道德自觉和理想的人格培养，以人际关系和谐作为追求的目标。与西方传统相比，忽视自然现象方面各种事物知识的教育。因此，在我国传统文化影响下的教育只是"多说道理，少说知识；多说人生，少说宇宙；崇尚空谈，不求务实"。

（二）对教育认识论和教育方法论的影响

中国传统教育重内省不重外求（反省人的自然本性，不重视对客观事物的探索）。传统文化多根据自己的体验提出命题，忽视思辨推理，应用技术发达而系统科学理论极不发达。

传统文化重视把握事物整体的协作和协调，不重实体和分析，造成对事物认识的笼统、不精确，缺乏对事物的精确分析。但我国传统文化强调直觉发展的培养却先于西方。

（三）对个体发展方面的影响

我国传统文化比较侧重群体性的发展，在一定程度上忽视了个性发展。这是长期宗法制封建社会所导致的必然后果——以血缘关系将社会成员个体联系在一起而形成的群体模式的社会文化心态，因为重视群体观念，忽视个人观念，"私欲"被禁止、被消灭，从而形成了与西方社会截然相反的价值取向与观念。

四、文化水平对教育的影响

社会文化水平与教育水平具有极高的相关性，一般社会都将其人口的受教育水平作为该社会文化水平的指标。但是，社会学衡量社会文化水平有多种指标：如从事体力与脑力劳动者的比例、文化需要的水平与结构（如订阅报刊、购买书籍、艺术欣赏、图书馆、博物馆、影院等文化设施的数量）、文化的空间和时间分配结构（如一天里文化活动时间分配）等。

文化水平对教育的间接影响表现为：文化发达（科技水平提高）→促进生产力发展→增加教育的物质来源→增进人口受教育水平。

文化水平对教育的直接影响表现为：教师文化水平→教育水平→学生文化水平→受教育水平→家长文化水平→下一代，而社会与社区文化水平，以及周围的文化氛围、文化设施都直接影响着学生的受教育水平。

五、文化传递、传播与教育

文化传递指文化在时间上的延续和空间上的流动，文化传递与传播过程补充、发展、丰富着文化，因为它注入了传播者的经验与创造。

文化传递在整个社会中无时无刻不在进行着，例如，物质性的文化载体（如工具、建筑）、精神载体（如语言、文字、声光、意识形态等）、人的载体（如个人拥有的知识、道德等）要不断转化才能完成文化传播，正如图书馆、科学技术仪器要被人掌握运用并传播给他人和后人一样，失传的文化正是因为客体文化没有转化为主体文化，而主体文化又要客体文化传播，在传播过程中人是推动力。在这个不断转化传播的过程中，广义的教育起着十分重要的作用，是传播的前提、动力和重要途径。

六、文化选择与教育

文化选择指对某种文化的自动撷取或排斥即择优汰劣、去粗取精的过程。

文化选择以社会需要为基点，文化选择又有较强的人的主体性特点。文化选择与教育的关系是：

第一，教育选择有社会价值的文化。

第二，按教育需要选择文化（学生能接受，有利于其能力的发展、知识增长、品德陶冶、体质增强等）。

七、文化变迁与教育

文化变迁的定义是文化内容的增量或减量所引起的结构性的变化。文化变迁来自文化内容的变化，并非所有的文化内容的变化都会引起文化变迁，只有当某种文化内容引起文化的结构性、全局性、整体性变化时，才形成文化变迁。

文化变迁是永恒的，不以人的意志为转移的，变迁的动因在于社会经济的发展和自身的规律性（内在动因）。

例如，过去是由技术到科学定律的发展；而当代则是由科学定律到科技革命的发展。因为依赖教育传播知识，从科学原理的产生到技术的革新应用之间需要一个转化过程，以借助教育普及科学知识、覆盖社会方可实现科学发展，所以当代社会发展决定教育必须进行，教育成为立国之本。

但另一方面，教育如果僵化、死板则会阻碍文化变迁，甚至使教育在文化变迁上的能动性也难以发挥。

八、文化与学前教育

第一，我国传统文化的精华和世界优秀文化的精髓，应在学前教育内容中反映出来。

第二，应该根据家庭与区域环境的文化水平状况设计学前教育，组织学前教育。如适应儿童的不同文化背景的教育，致力于提高家长文化水平与育儿观念的教育。

第三，我国学前教育也应关注文化信息的传播，不断收入新文化（知识、观念、技术等），丰富教育、改善教育。例如，电化教育手段的利用。

第四，在学前教育过程中也应根据国情、乡情和儿童水平来选择文化。

第五，应不断地改革学前教育的形式、内容和方法以适应社会文化的不断变迁。

学前教育是在为未来培养人才，因此，面向 21 世纪的学前教育，应适应文化变迁对人的要求，同时我们也应该大力普及学前教育知识，重视社会育人工程。

第四节　学前教育与环境的关系

人自生命的开始直至死亡，都处于一定的环境之中，人与环境有着紧密、不可脱离的联系，环境是人类生存条件的综合。地球是人类赖以生存和发展的根本环境，而个体生存与发展的环境则是地球上某一局部的具体生活环境。

一、环境的分类

人赖以生存的外部条件（即环境）是复杂的、多变的。环境可分为两大部分，即物质环境和精神环境。

（一）物质环境由天然环境和人为环境所组成

物质环境由天然环境和人为环境组成。例如，四季的变化，地球的温带、亚热带、热带、寒带，山、河，城市、乡村，居住条件，工作与劳动的条件，等等。物质环境对人的生存与发展有着直接与间接的影响。例如，噪音对人的神经系统、心血管系统和生理组织有着不良的刺激，严重的噪音可致人死亡，环境中的噪音已经成为社会公害。又如，环境污染与生态平衡的破坏，是伴随高度发展的生产而出现的新问题，正在危及人类的生存与繁衍，已成为世界各国共同关心和致力解决的社会问题。物质环境也影响人的认知和道德伦理，适宜的物质环境有助于人们认知活动的积极化，提高认知水平，同时也有助于人们伦理道德的形成。人类社会的物质环境已不单纯具有自然物质性，而同时具有社会性的浓厚色彩。例如，人对自然的控制、抵御和利用，人对物质环境的创建等无不反映地域的、民族的、时代的和阶级的特色。

（二）精神环境（又称"非物质环境"或"社会环境"）指人在社会生活中人与人的社会关系及社会信息

人类社会是人们以一定方式相互作用的产物，它以生产过程中所建立的生产关系为基础。正如马克思在《雇佣劳动与资本》中所说"生产关系总和起来就构成为所谓社会关系，构成为所谓社会，并且是构成为一个处于一定历史发展阶段上的社会，是有独特的特征的社会"。人类在生产过程中建立的生产关系和与此相应的多种社会关系便构成人类社会的精神环境。它以思想观念、政治、法律、宗教、伦理道德、文化、民俗习惯等表现出来。人类社会的生存与发展有赖于社会信息的传递，社会信息来自各种社会关系、各种社会群体。现代社会科学技术、生产力的发展得日新月异，各种社会关系亦随之发生相应变革，社会信息量急剧增大，传播手段日益增多，信息传递速度加快，因而精神环境中的社会信息给人们带来极大的影响。

二、物质环境与学前教育

出生至入学前儿童的成长与发展有赖于多方面的物质环境，如居住环境、饮食条件、用以焕发精神、培养情感、启迪智慧、锻炼身体的物质材料和用具等。

学前儿童易受外界物质环境的影响，这是由于学前儿童的生长发育和心理发展对物质环境有更大的依赖性。他们的独立生活能力尚处在最初形成之中，还不能自创物质条件，而需要成人为其准备安全、卫生、舒适、优美、丰富和谐的生活环境与教育环境。儿童在适宜的物质环境中生活，他们的生存与受教育条件可得到基本的保障。反之，过差的物质环境将不利于儿童的生长和教育。

作为学前教育机构的托儿所、幼儿园，同样需要有一定的物质环境作为其存在与发展的条件。历史实践已告诫后人，物质条件过于简陋的托儿所、幼儿园是无法维持与发展的，因为儿童不愿生活在缺乏物质条件的环境之中，家长也不愿将自己的子女置于这样的环境之下。由此可见，物质环境是学前教育存在与发展的必备条件。它既关系着学前教育的实施，也关系着学前社会教育的发展。

三、精神环境与学前教育

学前儿童不论在家庭、托儿所、幼儿园中，还是在接触其他社会生活中，都在不断地接受精神环境的影响，其中有健康的精神信息，也有不健康的精神信息。学前儿童由于知识经验浅薄，认识具有表面性、片面性和情绪性，因而极易接受精神环境潜移默化的影响。古语常言"近朱者赤，近墨者黑"，"孟母三迁"的故事也说明精神环境对儿童的影响。

对儿童教育有密切的影响的精神环境一般包括：父母及家庭成员的表率、家庭生活气氛（生活方式、生活情趣与生活内容、交往关系等）、居处环境中的人际关系与生活情调。社会环境中的道德水准与文明程度，托儿所、幼儿园中的园风，直接教育者的品德修养等。

为优化实施学前教育，家庭、学前教育机构和社会都应创设有利于儿童精神健康的环境，排除不良的精神污染对学前儿童的消极影响。

第三章 学前教育与儿童身心的发展

第一节 学前教育在儿童发展中的作用

一、几种关于儿童发展的理论

儿童的发展是指在儿童成长过程中生理和心理方面有规律地向更高水平量变和质变的过程。生理的发展指儿童机体或器官的正常生长（形态的增长和体质增强）、发育（功能的成熟）；心理的发展指儿童的认知、情感、意志和个性的发展。学前儿童生理发展和心理发展是密切联系的，儿童年龄越小，身体发展和心理发展的互相影响越大。在出生后的6年，儿童发展是十分迅速的，不仅是量的变化，质的变化也非常明显。例如，杨期正等人对儿童辨别物体大小能力进行的研究表明，18个月的儿童按语言指示选择大小物体的正确率为20%，36个月的儿童按语言指示选择大小物体的正确率达到100%。18个月的儿童用语言说明大小物体正确率为0，36个月儿童已完全能用语言说明物体的大小。[①] 同样，儿童的语言也是随着年龄的逐步增加而丰富。一般来说，学前初期的儿童语言带有很大的情景性，随着年龄增长，逐步发展到连贯性语言。在学前初期，儿童的语言主要是对话语言。到了学前后期，随着儿童独立性的发展，他们常常离开成人进行各种活动，如给布娃娃穿不同的衣服、搭积木等，通过这些活动获得各种体验和认识并把

---

① 李幼穗. 儿童发展心理学 [M]. 天津：天津科技翻译出版公司，1998：129.

这些体验或认识向别人讲述，这样，陈述式的独白语言就发展起来了。

儿童是怎样发展的？受哪些因素的影响？各种因素是如何发挥作用的？这些问题长期存在着争论，有种种不同的理论。儿童发展观是教育理论和方法的重要基础。不同的儿童观导致不同的教育观，直接影响托儿所和幼儿园的教育任务、内容和方法的制定，以及教育的实施。用辩证唯物主义的哲学观点分析研究学前教育在儿童发展中的作用，是学前教育的重要理论问题。

影响儿童发展的因素通常认为有遗传、环境和教育。哪种因素的作用更大，在历史上有种种说法，如遗传决定论、环境决定论等。

（一）遗传决定论

这种理论认为人的天赋或本能决定人的发展。一个人的能力、性格、兴趣等都是与生俱来的，由遗传所决定的。环境和教育只能起到加速或延缓的作用，不能根本改变一个人的发展方向与前途。如美国心理学家霍尔认为儿童的发展为遗传所决定，他曾说过："一两的遗传胜过一吨的教育。"此外，奥地利心理学家弗洛伊德强调生物因素，强调本能在人的发展中的决定作用。他把人的一切行为都解释为人所固有的天然要求、欲望、本能，其中起基本作用的是性欲。美国心理学家格赛尔也认为成熟是由遗传决定的。儿童行为系统建立的顺序与成熟关系极大，而环境与教育只是为发展提供适当的时机而已。这些主张遗传决定论的学者认为儿童的发展只是内部素质或本能的实现，聪明或愚笨是天生的。虽然，当前赞同遗传决定论的人不多，可是在学前教育上仍有影响。

（二）环境决定论

这种理论片面夸大环境或教育在儿童发展中的作用，否认遗传的作用以及人的主观能动性。如美国心理学家华生认为，通过训练可以决定儿童的行为。他曾说："给我12个健康的、体型匀称的婴儿，让我在自己特殊的环境里培养他们成长，我保证随便挑选哪一个婴儿，都可以把他们培养成我所选择的任何一类专家。"还有教育万能论，过分强调教育的力量。如英国思想家洛克认为，儿童一生下来都有同等的潜力，犹如白板，可任人描画。儿童的一切知识、能力都由经验而来，而抹杀了遗传上的差异。这种理论认为环境和教育对儿童发展起决定作用，把儿童接受环境和教育的影响，简单地理解为机械的被动的反应，忽视儿童的主动性，并把教育归结为培养行为技能，而要加强训练，往往以教材为中心，以教师为中心，而忽视儿童自身。

（三）苏联的教育主导发展论及其发展

苏联在20世纪50年代主张教育在儿童发展中起决定作用和主导作用的观点，对我国教育理论产生了重大影响。苏联教育学家凯洛夫在其著作《教育学》中认为个体的发展受来自遗传、环境与教育三方面的影响。其中遗传是个体发展的基础，它为个体发展提供了可能，但是遗传对个体发展不具有决定性的意义，离开了环境因素的作用，人也不可能成为人，曾经出现过的狼孩、熊孩等例子可以说明这一点。因此使人发展成为人的决定性因素是人生活的环境。学校教育作为特殊的环境，在人的发展中起主导作用。

我国在20世纪70年代翻译出版了苏联巴拉诺夫等人著的《教育学》，在此书中对凯洛夫的发展观提出了批评，认为教育是环境影响的一种，不应与环境并列；几种因素的关系也分析不够。书中把影响人发展的因素分为两类：一是生物因素，包括人的遗传因素、个体先天特点及生理结构、机制等方面的总和；另一类为社会因素包括环境与教育等方面。此书的关键在于提出所有的因素要发挥作用须通过人自身的主动活动，认为活动之外无发展。这一个观点把教育学中的发展观与皮亚杰、维果茨基等人的儿童心理发展观联系起来，成为受到普遍接受的观点。人们不再空洞地强调教育的主导作用，认识到教师传授知识并不能直接导致儿童的发展，应当创造条件，使儿童积极地动手动脑，通过主动的活动而实现发展。

（四）皮亚杰的建构主义的发展理论

瑞士心理学家皮亚杰毕生从事儿童认知发展研究，他认为儿童的认知发展不是一种数量上简单累积的过程，而是认知图式不断建构的过程。影响儿童认知发展的主要因素是：成熟、物理环境、社会环境，以及具有自我调节作用的平衡过程。这四个因素都是认知发展的必要条件，但它们本身都不是充足条件。成熟，是指机体的成长，特别是指神经系统和内分泌系统的成熟。成熟是认知发展的一个重要条件，它为形成新的行为模式和思维方式提供了一种可能性。如婴儿期出现的眼手协调，是建构婴儿动作图示的重要条件。然而，若要使这种可能性成为现实，必须通过机能的练习和最低限度的习得经验，才能增强成熟的作用；物理环境，鉴于个体与环境的交互作用是认识的来源，因此，个体必须对物体做出动作。个体在这种动作练习中得到的经验，不同于在社会环境中得到的社会经验。皮亚杰把这种经验分成两类：一类是物理的经验，是指个体作用于物体，获得对物体的特性的认识；另一类是逻辑—数理的经验，是指个体在动作过程中所获得的动作之间相互协调的经验。在皮亚杰看来，认知来源于动作（动作起着组织或协调作用），而非来源于物体；社会环境包括语言和教育的作用，即人与人之间的相互作用和社会文化的传递。学习者的社会经验可能会加速或阻碍其认识图式的发展。起自我调节作用的平衡过程：几乎所有学习理论和发展理论都认识到成熟和经验所起的作用，皮亚杰的独特之处，是另外加了第四个因素，也是最重要的因素，即起自我调节作用的平衡过程。平衡过程调节个体（成熟）与环境（包括物理环境和社会环境）之间的交互作用，从而引起认知图式的一种新建构。正是由于平衡过程，个体才有可能以一种有组织的方式，把接收到的信息联系起来，从而使认知得到发展。在这四种因素的相互作用下，儿童认知能力不断得以发展。根据皮亚杰的发展理论，他在教育上重视儿童的内在需要和心理特点，重视通过儿童自己的动作或操作进行活动，获得实际经验。对教育界产生了重大的影响，不少人以他的理论为基础，设计教育方案（课程模式），促进了教育的改革与进步。

（五）叶澜提出的二层次三因素论

我国华东师范大学的叶澜教授通过对影响人发展的各因素及其相互关系的分析，提出了"二层次三因素论"[①]，以对人的发展的影响性质为依据，把影响人发展的因素分为对个体发展的潜在可能产生影响的因素（可能性因素）和对个体发展从潜在可能转化为现实产生影响的因素（现实性因素）两

---

① 叶澜. 教育概论 [M]. 北京：人民教育出版社，2006：183－235.

大类。两类因素对人的发展影响不在一个层次上，故称为"二层次"，而在每一层次中又包含着不同的影响因素：可能性层次中有个体自身的先天因素与后天因素；现实性层次指发展主体所进行的各种类型的活动。先天因素指个体出生时机体结构所具有的一切特质，主要包括个体由遗传获得的特质，由受孕时父母双方遗传基因的组合方式与生命孕育过程中母体独特环境相互作用而生成的个体先天性和非遗传素质以及受遗传基因控制的成熟机制，它是既定的，又是潜在的，在机体发展中起着内部调节的作用。后天因素指儿童个体出生以后，在发展过程中逐步形成的个体身心两方面的特征。它是某一阶段主体已经达到的发展水平，影响人对环境的选择和作用方式等。环境和教育因素是影响个体发展可能性的第二大因素，能够为个体的发展提供一定的外部条件与发展的可能性。但是，无论先天、后天还是环境因素，都只是潜在性因素，只是为个体发展提供了多种可能，并不能决定个体发展的状态，真正使这些潜在因素转化为现实状态的决定因素的是个体自身的实践活动。

叶澜认为，学校教育是她提出的三种因素的特殊综合，在个体发展中具有与环境影响不同的独特的作用，因为学校教育是有目的、有计划、有组织的，以影响人的身心发展为直接目的的社会活动，对人的发展起主导作用。同样，托儿所和幼儿园是实施学前教育的机构，由专业人员有目的、有计划地教育和培养学前儿童，对学前儿童发展有重要的影响。

综上所述，在教育与儿童发展关系中，应当承认遗传、环境和教育在儿童发展中的重要作用，重视生物因素和社会因素两者的相互作用，并认识到这只是儿童发展的基础性条件和可能性条件，真正决定儿童发展状态的是儿童个体的实践活动。只有通过儿童个体的实践活动，才能将遗传、环境和教育所提供的可能性条件转化为儿童成长的现实条件。据此，我们在拟订托儿所、幼儿园的具体教育方案，在开展儿童教育教学的活动时，既要注意给儿童的发展提供必要的外在条件，又应当注意引导儿童主动参与各项教育教学活动，真正成为其身心发展的小主人。

二、各个发展因素在儿童发展过程中的作用

儿童作为发展中的个体，在发展过程中不可避免地要受到遗传、环境、教育及其自身活动等因素的影响，以下从现代的观点逐一加以陈述。

(一) 遗传在儿童发展中的重要作用

遗传现象是由染色体中基因的组成部分（主要成分为脱氧核糖核酸DNA）及其排列组合特点所形成的，它是储藏、复制、传递遗传信息的重要物质基础。这些成千上万的基因在人的遗传素质中起重要的作用。儿童通过遗传获得人的机体的生理解剖机制及特点，如体型、皮肤、五官的个人特点以及神经系统，特别是大脑结构和机能的特点等。如出生后不久的新生儿，在惊跳反应的类型上、条件反射的形成上、睡眠清醒的周期上，都表现出明显的个别差异。

在非常态的情况下，遗传差异之大是惊人的，它构成了两个极端的儿童——先天缺陷、痴呆儿童和超常儿童，而这两类儿童在世界总人口中所占的比例是非常小的。大量的实验研究证明遗传在儿童发展中具有重要的作用。

1. 遗传素质提供了儿童身心发展的前提条件和物质基础

首先，儿童发展总要以从遗传获得的生理结构为其前提，如失明的或色盲的儿童无从发展视力，很难培养成为画家。其次，遗传素质决定了儿童身心发展的基本过程。每个阶段的儿童具有该阶段的年龄特征：如动作的发展，儿童总是先学会爬，再学会坐，而后学会站立、走和跑跳。

2. 遗传素质也决定了儿童的某些个别差异

一些婴儿在出生时就表现得比较安静，较少哭，哭声小，而另一些婴儿可能大声哭泣。另外，遗传因素决定了儿童体貌、生理机能等方面的细微差异，这些差异使儿童的心理也出现了一定的差异性。在神经类型方面，天生敏感的孩子可能对周围的一切变化反应较灵敏和迅速。家庭研究和其他纵向研究揭示，许多人格特质的核心纬度受其基因影响。如内向——一个人害羞、退缩、在他人面前不自在，还是外向——一个人活泼开朗，易与人交

往，显示了与 IQ（智商）大约同样的中度水平的遗传性。随着年龄增长，遗传和其他先天因素对人的发展影响在整个发展过程总体上呈减弱趋势。

遗传素质虽然重要，却不能单一地决定儿童的发展，如出生后与人类社会隔绝，生活在动物群中的儿童，不可能获得人的特点。而且遗传素质在后天条件影响下，又是发展变化的。如大脑的发育在胚胎阶段就受母体环境的影响，出生后早期经验也影响脑的结构与机能。

（二）环境和教育对学前儿童的发展起着特殊的重要作用

一切生物的生存和发展不能离开环境。人和其他生物还不同，人所处的环境是社会环境和经过人改造的自然环境。儿童自出生后就在社会中生活。周围环境、家庭及照管儿童的成人对儿童有着很大影响。儿童在与环境发生相互作用的过程中得到发展，并随着社会条件的变化而发生变化。环境对儿童发展的影响主要表现在以下方面：为儿童的发展提供了多种可能，包括机遇、条件与对象。儿童生活在不同的环境中，这些环境所提供的条件的质量不相同，对于儿童个体发展的意义也是不同的。从儿童身体方面来看，儿童机体的可塑性很大，容易受外界环境的影响，在良好的生活环境、营养和保育的条件下，可使儿童的身体获得正常发育。儿童的心理发展也依赖于外界环境，外界环境的刺激是心理发展的源泉。儿童虽有遗传而来的高度发展的大脑，但必须有外界刺激的诱发，才能使这些功能发生作用，并日趋完善。儿童心理发展的特征和品质是在与人们的交往以及周围环境的相互作用中发展和形成的。环境对学前儿童发展的影响，比其他年龄阶段更大。儿童自出生后，社会化的过程实际上从零开始，周围的一切对他都是新奇的、有吸引力的。家庭及周围环境使他们获得深刻印象。儿童会从环境中受着自发的教育，而且儿童年龄越小，这种自发受教育的比重和作用就越大。环境对人的发展的影响在方向上有正反之分，有的环境对儿童的发展具有积极作用，而有的环境对儿童的发展具有消极的作用。如幼儿园环境的布置对儿童身心发展具有重要影响，活动室墙面的颜色一般使用暖色调，烘托出和谐温馨的氛围。如果使用深沉的黑色或者灰色，则会使儿童感到压抑、沮丧。

与遗传、环境比较起来，教育在儿童身心发展中具有独特的作用。因为教育根据一定的社会要求，用一定的内容和方法，有目的、有计划、有系统地引导儿童进行各种活动，施加一定的影响。幼儿园教育活动是在人为设置的环境中进行的。这一环境中有意识提供的条件与活动对象，都是为实现教育目的和完成教育任务服务的。其最大的特点是弥漫着科学、文化和道德规范的气息，这是促进人的精神力量生长的最重要的社会因素。通过教育可以发扬优良的遗传素质，使遗传素质提供的某种可能性变为现实，并影响和改造不良的遗传素质。教育可以对环境加以取舍，发挥和利用环境中的有利因素，减少或消除不利因素，使儿童形成社会需要的品质和才能。托儿所、幼儿园与家庭配合，向学前儿童进行有目的、有系统的教育，在学前儿童的个性发展中起着特殊重要的作用。对学前儿童来说，教育与环境是密不可分的。儿童在家庭和周围环境中与人们交往、耳濡目染，与周围事物互相作用，就是在学习和受教育，只是带有不同程度的自发性。儿童的认知能力、知识和技能、品德和习惯、个性都是通过教育和环境形成的。

几十年来，由于生理学、生物学、神经学和心理学的发展，促进了学前教育理论和方法的发展，以下几方面的科研成果说明了环境和教育对学前儿童发展的重要作用。

1. 母体环境对胎儿发展的影响

20世纪50年代以来，采用新的科学成果和技术，对胎儿的发育进行了研究，揭示了母亲的营养、疾病、药物和情绪等对胎儿的发育有重大的影响。

在母体中，胎儿的营养供应是通过脐带和胎盘的半渗透薄膜从母体的血液系统中吸取的。自胎儿期到出生6个月，脑细胞数量的增长最为迅速。研究表明，由于母亲营养不良，或出生后第一年中营养不良，胎儿的脑细胞数量低于正常数，有时只达到预期数量的60%。母亲的营养还影响胎儿出生后智力的发展。有一项实验研究，对营养不良的孕妇，一半人给以营养补助，另一半给以安慰剂，在她们的孩子3岁左右时进行智力测定，给以营养补助的一组，孩子智力平均分数高于另一组。

2. 环境对新生儿身心成长的影响

长期以来，人们按照传统的看法，认为新生儿是无能的，他们处在未分化时期，只感到整个世界闹哄哄，一片混乱。因此，也不需要向他们进行教育。正如胎儿会被有毒的环境刺激影响一样，胎儿也同样能从环境中学习，尤其是胎儿在子宫中的后三个月。在这段时间中，胎儿能对经过羊水过滤后的声音做出反应。早在妊娠的第 20 周开始，声音就能够稳定地影响胎儿的心率和心脏搏动反应。还有一些研究实验说明，新生儿有一定的感觉能力，新生儿会随着移动的灯光而转移视线，两三个月的婴儿有深度感觉，出生几小时后就有视觉偏爱，喜欢看人面，能辨别声音差别，能辨别气味。如果提供适宜的丰富刺激，则有利于新生儿的发展。

3. 环境和教育对学前儿童的智力、个性和情感的发展有长期影响

学前期是神经系统迅速发展时期。这一时期的教育对人的智力启蒙有重大的作用，可说是发展智力潜能的必要条件。国内外一些研究者对学前教育在儿童发展中的重大作用进行了很多研究。如美国著名心理学家布鲁姆对近千名儿童从出生一直到成年的追踪研究。1964 年他在《人类特性的稳定性与变化》一书中，提出了早期经验与智力发展的科学假设：5 岁前是智力发展最为迅速的时期，与 17 岁所达到普通智力水平相比较，在 4 岁时就有约 50％的智力，其余 30％的智力是在 4～8 岁获得的，最后的 20％的智力是在 8～17 岁时获得的。在智力发展极为迅速的时期，环境对智力发展的影响最大。儿童入学后学业的成败很大程度上取决于早期经验。又如，心理学家汉特对智力发展、变化的研究结果指出，智力是可以训练和变化的，不是固定的；出生后最初 4 年的智力发展极为重要，对儿童以后智力的发展具有决定性影响。虽有人对他们的论点有不同看法，如布鲁姆只是就智力测验资料而言，并非指儿童智力发展等，但学前期是智力发展重要时期是公认的。他们这些研究成果也是 20 世纪 60 年代以来，国际上重视学前教育的重要依据之一。

还有一些早年的实验结果说明：适宜的早期经验能促进智力发展。如德国心理学家斯基尔斯等人于 1939 年选择孤儿院儿童进行了一项追踪研究，

这些儿童年龄在 7～30 个月，智力发展都比较差。实验组儿童（13 名）平均智商 64，改变抚养方式，送到收容所教育，由年龄大的女孩照料，并和他们讲话、游戏，会走时送托儿所。4 年后，儿童的智商都有提高，大部分儿童后来读完中学，三分之一的儿童后来进了大学。控制组儿童（12 名）原来平均智商 89，仍一直在孤儿院教养，以后大部分智力不超过小学三年级，都不能自立生活，仍留在孤儿院。

生态学家从对动物的研究中提出了敏感期，即有机体的潜在能力只有在某一特定时期中提供特定的刺激，才能得到最好的发展。敏感期一般出现在生命的早期。此后，有的科学家对儿童进行研究，认为 4 岁前是形状知觉的敏感期，以后逐渐减弱；口语学习的敏感期在 8 岁前。虽然"敏感期"问题需进一步探索，但是，学前儿童易于接受外界影响，有求知欲，丰富多彩的环境和适当的教育对学前儿童智力启蒙和发展有重要意义，这是大家所公认的。

环境和教育对学前儿童的个性倾向也有重大影响。如有的心理学家对第二次世界大战期间失去了父母的数千名儿童进行研究，发现早年丧失父母的家庭环境，对儿童行为和个性的发展极为不利。人类学家的一些研究也证明，由于各个种族对儿童照料的方式不同，如从小受成人关心的儿童，长大后性格温和，能处理好人与人之间的关系。如果从小成人对他们不关心，只是给他们喂食，就会有相反的结果。这些说明，在神经系统迅速发展的学前时期，最容易接受外界刺激的影响，神经联系一经形成，就会留下深刻的印迹。早期经验为学前儿童个性的形成打下了最初的基础。

研究证明，母亲作为婴儿最亲密的人，在婴儿的发展中起着重要作用。早期接触是一种非常愉快的经验，有助于母亲形成对婴儿的情感纽带。美国心理学家克劳斯和凯勒尔认为，婴儿出生后的最初 6～12 小时是母婴情感纽带建立的关键期，此时母亲尤其愿意对婴儿做出敏捷的反应。并对婴儿产生强烈的情感。他们通过试验发现，有过延长接触的母亲与婴儿的关系更为紧密，他们 1 岁的孩子在生理和智力发展测试中的得分也超过传统做法组的婴儿。很显然，早期在医院的延长接触有助于培养母亲对新生儿的感情，这进一步促使母亲以富有刺激性的方式与婴儿进行互动。在这一研究和其他相似研究的影响下，许多医院已经改变了他们的例行做法，允许母婴早期接触，以促进他们感情纽带的建立。[①]

随着社会的飞速发展，电视、网络等已经成为个体成长过程中不可或缺的环境因素，有人认为电视已经是"家庭的成员"，它陪伴儿童度过了许多时光。一方面，电视大大拓展了儿童的视野；另一方面，儿童常常会从电视上学到各种行为。研究表明，暴力电视看得多的儿童变得更加具有攻击性，而且最初有攻击性的儿童看了暴力电视后会形成看此类电视的瘾，对儿童的个性发展产生了不可忽视的影响。

当然，在强调早期经验对儿童发展的重大作用的同时，还要看到儿童的可塑性很大，以后环境和教育对儿童的发展仍有重要的作用，能弥补或改变以前所形成的智力的或个性的偏差。

我国的一些调查研究也证明环境和教育在学前儿童智力和个性发展中的作用。如有人对某地受过和未受过幼儿园教育的中小学生在智力和思想品德方面的表现做了调查，受过幼儿园教育的都较未受过幼儿园教育的学生为好，如以三好生和语数两科成绩所占的比例而言，在受调查小学五年级414名学生中，受过幼儿园教育的学生中有61.3%为三好生，有30.6%语文、算术两科成绩均在90分以上；而未受过幼儿园教育的学生中有25%为三好生，只有13.9%语文、算术两科成绩均在90分以上。在调查初三和高三学生时，也明显反映受过幼儿园教育的学生中三好学生的百分比要高于未受过幼儿园教育的学生[②]。又如在一项对55个超常儿童的追踪研究中发现，超常儿童在素质上固然有一定优异之处，但主要是由于较好的早期教育和环境条件的影响，促使他们智力发展较好，并有坚强的意志品格。没有教育和环

[①] 戴维·谢弗. 发展心理学——儿童与青少年[M]. 邹泓，等，译. 北京：中国轻工业出版社，2005：134.

[②] 马芝兰. 关于幼儿教育对中小学教育质量作用的调查[J]. 教育研究，1983 (6)：85-86.

境这个条件，超常是难以出现的。[①]

4. 早期经验能改变脑的结构

在学前期，儿童大脑迅速发展，以脑重而言，初生时约为350~400克；6个月时重约650克；1岁时重约900克；2岁时重约1000克；3岁时重约1300克，为成人脑重的十分之九。出生后，皮层细胞继续增长、长大和分化。3岁时大脑分化完成，神经纤维加长，分支加多，神经细胞的联系复杂起来。这一时期大脑迅速发展，为学前儿童接受、处理、加工储存信息提供了条件。

（三）儿童的个体性实践活动是决定其发展状态的决定性因素

以上谈到了遗传和环境对于儿童成长的重要影响，但这只能说明它们为儿童的成长提供了必要的条件，并不意味着儿童的成长是完全被动的，更不意味着遗传和环境最终决定着儿童的成长和发展的状态。一方面，儿童是独立的生命实体，有自己的身体和心理结构，有自己的内部动力，自己的需要和兴趣，接受自己所需要的东西，拒绝不需要的东西，是主动的学习者。新生儿对外部刺激就有选择性，同样的环境对于不同的儿童可以产生不同的影响。从教育实践经验来看，任何有效的教育必须以受教育者自身的活动作为内因，教育要通过内因才起作用。

另一方面，从儿童的心理发展来看，儿童认识外界是儿童内部的主动的过程。关于这一问题，皮亚杰曾做了具体的说明，他提出认识活动犹如生理上的消化活动一样，是一项有组织的活动。个体为什么能对刺激做出这样或那样的反应，是由于个体具有某种图式（动作的结构，是人类认识的基础）能同化（个体把客体纳入主体的图式之中）这种刺激，而引起图式量的变化。有时图式不能同化客体，就产生顺应（调整原有图式或建立新的图式），引起图式质的变化，以适应新环境，达到认识上的新的平衡。通过教育或外界刺激，个体不断进行新的同化和顺应，如此在循环中提升，儿童的认识结

---

① 中国超常儿童追踪研究协作组. 智蕾初绽——超常儿童追踪研究[M]. 西宁：青海人民出版社，1983：19.

构得以不断地更新，儿童的心理发展由低水平到高水平。

事实表明，儿童充满好奇，天生就是一个探索者。孩子生下来不久，就能随声响转动头部，眼睛也能追随物体。当孩子能抓握、行走时，孩子就会不停地进行各种活动。婴儿虽然年纪小，但仍有一定的自主性。因此，教师或家长应该创造各种环境和条件，让儿童以主人的身份与外部环境进行相互作用，自由、独立地在各种活动中得到发展。儿童只有亲自参与活动，在活动中积累感性经验，才能保证其身体发育良好，精神丰富和完善，才能不断地建构自己丰富的内心世界以及自尊自爱、自信自强的人格。

综上所述，儿童的发展是一个统一的完整的过程，是不断变化的过程，儿童的发展不是某一因素单独影响的结果，而是全部因素综合的、系统的影响的结果，是生物因素和社会因素互相结合、互相作用的过程。各种因素发挥作用又依赖于儿童的主动的实践活动。儿童在内部动力和能动性与生物因素、社会因素的多层次的相互作用中获得发展。静止地看待儿童的发展，孤立地强调遗传或环境和教育的作用，抹杀儿童主动活动，都不能科学地认识教育和发展的问题。

第二节 儿童身心发展规律对学前教育的影响

一、正确的儿童观与教育观是教师开展教育工作的前提

（一）什么是儿童观

"儿童观是指成人如何看待和对待儿童的观点的总和。涉及儿童的特点、权利与地位、儿童期的意义、教育同儿童的发展之间的关系等问题。"[①] "儿童观问题从根本上来说是人类社会对于人类自身不成熟的幼体的生存和发展持什么看法的问题。在这个意义上，儿童观是人类自我意识中的重要内容，从一个时代或一种文化的儿童观那里，我们可以大致看到处于该时代的人类

[①] 祝士媛，唐淑. 幼儿教育百科辞典[M]. 上海：上海教育出版社，1988：6.

或发展该文化的种族其自我意识发育到了何种程度。"[①] 儿童观的形成受社会的政治经济的制约,受传统文化、哲学、社会学、心理学的影响,特别是儿童发展理论的影响。儿童观不同,教育儿童的内容、方法以及具体教育任务也不同,就有了不同的教育观。因此,树立正确的儿童观、教育观,对当前我国学前教育的改革和提高是十分重要的。

为了树立正确的儿童观,首先需要了解一下人类从古到今对儿童的不同看法及其发展。在原始社会孩子为氏族共有,没有独立人格,可任意处置。对儿童的教育也处于自发状态,没有系统性和组织性。在西方中世纪由于宗教上原罪说的影响,儿童被认为是生来有罪的人,需要通过鞭打、惩罚等手段使儿童身体受到痛苦以赎罪。在这种儿童观的影响下,教育上多采取强制手段,体罚是主要的管理方法。在我国古代,人们认为儿童年龄小,不懂事,需要严格地被管教甚至压制。这些不合理的儿童观使教育出现了偏差,妨碍了儿童健康成长。工业革命以后,在欧美,新的教育理论和心理学理论不断产生,不同学派有不同的儿童发展理论,如成熟论、精神分析学派、行为主义、认知发展学派和社会文化历史学派等,他们对儿童是怎样发展的有各种不同的解释,因而也形成了不同的儿童观。我们需要在分析比较这些儿童观的基础上,充分汲取其合理的一面,结合我国儿童发展的实际情况,逐步形成对儿童及儿童发展的合理看法。

(二) 我国教育界主流的儿童观

结合我国当前儿童发展心理学、学前教育学,以及学前教育实际国情,在儿童观方面主要应明确下列观点。

儿童的发展是生物因素和社会因素多层次的相互结合、相互作用的过程;发展不是孤立地、静止地由于某一些因素的作用而发展;儿童的发展是在主体和客体相互作用中的主动的发展,不是被动的发展。

儿童具有发展的潜力,在与适当的教育和环境的相互作用下,有可能最大限度地发展儿童的潜力。

---

① 刘晓东.儿童教育新论 [M] .南京:江苏教育出版社,2000:1.

每个儿童都是独特的个体，发展水平和速度不同，兴趣和爱好不同；不可能以年龄或班级为标准来统一划定。

儿童通过活动而发展，在对物体的操作和与人交往中发展认知、情感和个性，而不是坐着，只通过听或看教师的说和做而发展。

儿童身心各方面是一个整体，对他们进行的体、智、德、美等方面教育也是相互联系的，应使儿童从小获得初步的全面的发展，不要孤立的只偏重某一方面的发展。

每个儿童有权利受到尊重和爱护，联合国1989年通过的《儿童权利公约》以及1990年通过的《儿童生存、保护和发展世界宣言》，呼吁全世界尊重儿童的权利和福利，儿童有生命权、生存权、发展权、受教育权和从事与儿童年龄相应的游戏和娱乐活动的权利。儿童权利应受到保障，不可歧视或随意处置儿童，不应忽视儿童的人格和权利。

（三）我国主流的教育观

基于上述对儿童的看法和当代政治、经济、文化以及教育理论的新进展，在教育观上，应明确下列观点。

教育是为了促成新生一代身心的健康发展，使他们将来可以顺利地走入社会，成为有利于社会的成员。为此教育者应当热爱儿童、尊重儿童。爱是儿童身心健全发展的必要环境因素，也是保教人员首要的职业道德，要尊重儿童的独立人格、个性特点和健康成长的权利，不应对儿童漠不关心，或忽视、轻视儿童。

要对儿童进行身体的、智力的、道德的、情感的、审美的全面发展教育，不应忽视其中任何一方面的教育，或只强调某一方面的教育。

教育的内容和方法要依据儿童身心发展的规律并促进学前儿童身心的发展，要重视学前儿童身心发展水平和特点，不应小学化，更不应成人化。

对全体儿童的统一的教育要求要与符合个别儿童发展特点相结合，兼顾儿童个人发展水平、兴趣和爱好，不能忽视儿童的个别特点而机械划一。

儿童是教育的主体，教师的指导作用要和发挥儿童的主动性、独立性、创造性相结合，不是由教师主导一切，包办代替。

在统一的学前教育目的、任务、内容和要求下，幼儿园可以在实验和研究的基础上，采取不同的课程模式，如分科教学、综合教学、主题或单元教学等。各幼儿园环境、设备、师资和儿童不同，课程模式应有区别。

在幼儿园开展游戏、教学、观察、散步、娱乐、体育、劳动等多种活动，要集体的、小组的和个别的活动方式相结合，不局限于集体的活动。

儿童需要通过自身的活动而发展，所以在幼儿园，教师要创设环境，提供多种材料，鼓励儿童通过摆弄、操作、观察、试验、动手动脑，获得直接经验、发展智力、增长知识。同时，鼓励儿童与他人的交往，促进社会性与合作能力的发展。

教师应当尊重家长，与家长积极沟通联系，取得家长在教育上的配合。可以吸收家长参加托儿所、幼儿园的教育工作，共同教育好儿童。

以上关于儿童观和教育观的一些观点，可进一步在理论上和实践上加以讨论和试验，提倡批判与反思的精神，以利于树立正确的儿童观和教育观。

二、学前儿童的身心发展的规律和特征

（一）儿童身心发展呈现出一定的阶段性

儿童身心发展是一个复杂的矛盾斗争的过程，既是一个连续的、渐进的量变过程，也是身心发展到一定时期或程度而发生质变的过程。在量变与质变的交替变换中，儿童身心发展形成了相对稳定的发展阶段。一般而言，从出生到成熟经历着如下几个阶段：婴儿期（0~3岁）；幼儿期（3~6岁）；学龄期（6~16岁）。阶段与阶段之间不仅有量的差异，也有质的差异。每一阶段儿童身心发展都有着不同的发展水平，有其主要的活动形式，标志着该阶段的特征。这些阶段又按一定的顺序，相互联系，前一阶段是后一阶段的必要准备，并为后一阶段所取代，后一阶段是前一阶段的必然的发展趋势。发展阶段并非阶梯式的，而是有一定程度的交叉和重叠。

（二）儿童身心发展呈现出一定的顺序性

儿童身心发展大致是按由大到小、由简到繁、由具体到抽象这样一个顺序来发展的。例如，儿童动作的发展，一般是粗大动作（蹬腿、抬手等）发

展在先,精细动作(自主够物和手的操控技能)发展在后,而儿童手指的精细动作发展则更晚。因此,让一个1岁的儿童准确地敲击键盘几乎是不可能的,或者让2岁的儿童就使用铅笔写字,这不仅不符合儿童生理发展的规律,而且容易造成伤害。又如,儿童思维发展方面,0~3岁左右时,主要是直觉行动思维。这种思维离不开儿童自身对物体的直接感知,也离不开儿童自身的实际操作。儿童在进行这种思维时,只能反映自己所能触及的具体事物,依靠动作进行思维。他不能计划自己的动作,预见动作的效果。我们在幼儿园小班常常看到这样的情况,孩子一边搭积木一边自言自语:"哦,这是小白兔的房子,大灰狼要来了,关门。"这时候,他会给房子搭一扇门。3~7岁的儿童逐渐发展了具体形象思维,能够凭借事物的具体形象或表象以及对表象的联想进行思考。例如,儿童一般情况下能对 $3+2=5$ 进行计算,但他们在实际计算时,并非对抽象数字进行分析综合,而是依靠头脑中再现的实物表象(3个苹果加上2个苹果或3个手指头加2个手指)进行计算。由此可见,儿童在每一个阶段都有该阶段的年龄特征和发展需求,教育不能逾越这些阶段的特点和需求凭空进行。

为了进一步理解和运用儿童身心发展的规律,必须了解各年龄阶段儿童身心发展的水平和特征。在一定教育和社会条件下,儿童身心在一定年龄阶段中的一般的、典型的、本质的特征及发展趋向,称为"年龄特征"。年龄特征可供制定学前教育任务、内容和方法时参考。

三、学前儿童身心发展的规律为教育提供了科学基础

(一)教育要考虑儿童身心发展水平

教育只是为儿童的发展提供了外部条件,要真正实现发展,必须使外部提供的教育符合儿童发展的需要,转化为儿童自己的行动的动机、兴趣、情感和意志。教育的作用必须通过儿童的自主活动才能实现。教育效果如何,就看在多大程度上启发和促进这一自主活动。要做到这点,对儿童的教育必须考虑儿童身心发展水平,了解儿童的认知特点,据此确定学前教育的任务、内容、方法,有效地帮助儿童锻炼身体、增强体质,认识周围事物,发

展智力，形成良好的道德品质和行为习惯，促进儿童身心的和谐发展。

在学前期，儿童生长发育极为迅速，特别3岁前发展最快，在出生的第一年中，身高增20～25厘米，体重增5～6公斤，幼儿期的生长虽较3岁前缓慢，身高每年增4～6厘米，体重增1.5～2公斤，但与以后阶段相比发展仍较迅速，学前儿童各器官各系统很柔弱，大脑皮层细胞还不完善。儿童出生后一两年中，生活完全依赖成人，3岁后独立生活能力仍较差，还不能照料自己的日常生活。所以，在学前期要特别重视体育，成人要为学前儿童创造良好的生活条件，提供合理的喂养，充足的睡眠，正确组织一日的生活，科学地照料儿童饮食起居，促进儿童健康的生长发育。

（二）教育要合乎儿童的年龄特征

从出生到6岁，儿童的身心发展变化是很快的，处于不同的年龄段，就需要不同的教育方式。比如，儿童出生后，完全依赖于成人的照顾，在这期间，成人成为他们的主要交往对象。这种与成人的直接交往也是这一时期婴儿的主要活动。成人的逗引和爱抚成为他们健康成长的重要条件之一。婴儿与成人间安全依恋是婴儿良好发展的关键。半岁以后，在成人引导下，儿童接触周围的物品，特别是玩具。成人给儿童演示动作，又帮助他们完成动作，这时儿童与成人的交往具有了协同活动的性质，儿童开始摆弄物体，如取拿、放回、扔掉等。但这样摆弄的动作只是限于物体的外部特性。不论对哪种物体都采用他们所熟知的摆弄方式。到了1岁以后，儿童与物品关系发生了变化。儿童能按物品的功能和一定的方式来摆弄物品，进行实物活动。在3岁前，儿童都以极大的兴趣摆弄各种物品，由此发展自己的感知觉和动作，所以适宜的教育就是提供足够的物品给他摆弄。

到第三年，儿童发展了自我意识，开始发展了通过象征符号来认识外界。儿童要求自己独立活动，不愿受成人支配，他们产生了像成人那样行动和活动的愿望，而发展了意志对行为的控制能力。在教育上应提供儿童进行各种活动的机会，培养认识事物的兴趣，发展口头语言。

在3～6岁时，儿童能自由独立地行动，智力也有了进一步的发展，游戏是儿童的基本活动。儿童的发展通过对物的活动和对人的交往进行。在发展的不同阶段,他们的活动形式及与人交往的形式都具有一定的特点。从这一角度来看,学前教育就要以这些活动为基础,组织和指导这些活动,以促进儿童的发展。这时期的教育目的在于:形成儿童的个性倾向性,发展与成人及同伴的交往能力,奠定社会化的最初基础;在智力方面着重发展儿童的感知觉、动手能力、表象思维和想象力,促进抽象思维的萌芽。近年来,有研究表明:儿童在积累了大量知识后具备了远远高于我们平常能观察到的抽象能力。该研究强调支持性环境对于加强和支持特殊领域的学习所发挥的作用。成人应根据儿童的能力并朝着拓展该能力的方向提供学习经验。富有挑战性而又能为儿童所掌握的经验才能促进儿童的发展,并使他们在身体、智力和品德等各方面做好入学准备。①

学前儿童身体和心理的机能具有极大的可塑性,而且条件反射一旦形成就会留下印迹。在发展儿童体力和智力的同时,还应注意儿童行为习惯、道德品质的培养,使儿童在早期就形成良好的习惯和品德。

学前教育要考虑儿童身心发展水平和年龄特征,但并不是说教育应跟随在儿童的发展后面,而是应当在充分考虑儿童的水平和特征的前提下,积极引导儿童的发展。也就是说,要估计到儿童的"最近发展区",通过教学引导和同伴之间的互相促进,使儿童通过努力,得到更好的发展。

(三) 教育应考虑具体的班级和具体幼儿的特点

在学前教育学和学前发展心理学中谈及的儿童身心发展规律通常是指学前阶段儿童的一般发展水平和特征,要求教师在制定教育方案时考虑到这些水平和特征。但教师应当同时认识到对具体的一个班,或某个学前儿童,由于家庭环境和所受教育的差异、遗传素质的不同,以及儿童主观心理活动不同,又各有具体的特点,表现出各不相同的个性。现在已有的对儿童心理水平的估计,只是反映当时调查研究的环境和教育所形成的现实,如果改变了这种条件,儿童就会有不同的水平。有专家经研究认为,人类发展的潜力在

---

① 芭芭拉·鲍曼等. 渴望学习:教育我们的幼儿[M]. 吴亦东等,译. 上海:华东师范大学出版社,2002:4—5.

个体现有资源以及社会的目标和社会偏爱的互动方式下,产生很大的差别,并在整合了生物和社会因素的基础之上,走出多元发展的轨迹。[①] 所以,教师还必须研究具体班级的特点和具体儿童的特点,考虑不同儿童对教育的不同需求,正确处理共性与个性,典型性与多样性的关系,因材施教,有的放矢地进行教育。特别近年来,早期教育的重要性已为社会所共识,家长重视对子女的教育,儿童在身心各方面的发展出现了新的情况,需要通过系统的观察和测验来了解儿童在语言、认知、动作及身体等各方面的发展水平,以便有针对性地对儿童进行教育。

在实际的教育工作中,针对班级人数较多情况,可以组织一些集体活动,但还应根据儿童不同情况,从实际出发,进行小组活动和个别辅导,使不同水平的儿童在各自原有的基础上有所进步,并为他们今后的发展打下良好的基础。反之,如果忽视儿童实际存在的个别差异,在教育的要求和内容上都是机械划一,那么,就会使教育工作成为盲目的或徒具形式的活动,不能很好地促进儿童身心发展,甚至给儿童发展带来有害影响,损害儿童天赋的学习兴趣和积极性。

---

① 芭芭拉·鲍曼等.渴望学习:教育我们的幼儿[M].吴亦东等,译.上海:华东师范大学出版社,2002:4-5.

第四章　学前儿童的全面发展教育

第一节　学前儿童的体育教育

广义的体育是以身体运动为基本手段促进身心发展的文化活动。[①] 根据体育的属性，可以将体育划分为健身体育、竞技体育和休闲体育。也有人将体育划分为学校体育、康乐体育和竞技体育三大组成部分。

狭义的体育指的是以身体活动为手段的教育，即"身体的教育"的简称，体育的主要目的就是"育体"，侧重在教育机构中进行的各项体育活动。本书所指的体育仅限于狭义的体育。

一、学前儿童体育的内涵

学前儿童体育是学前儿童全面发展教育基础而关键的组成部分。作为融保育和教育为一体的幼儿园教育，必须要提高幼儿的身体健康水平，增强幼儿的体质，促进幼儿的全面发展。发展适宜的学前儿童体育应该建立在理解幼儿早期发展和学习本质的基础上并服务于幼儿，使体育学习变得有趣、有效、丰富多彩。

对学前儿童体育含义的正确认识是实施体育活动的基础。20世纪以来，随着社会的不断发展和教育的不断变革，现代社会对人才的要求在不断调整。学前儿童体育活动的指导思想也发生了巨大的变化。我国《幼儿园教育

[①] 杨文轩，杨霆．体育概论［M］．北京：高等教育出版社，2005：19．

指导纲要（试行）》有关健康领域的论述，就包含体育的重要内容，以促进幼儿的身体健康为主要目的。

和体育的概念相对应，学前儿童体育的概念也有广义和狭义之分。广义的学前儿童体育是指依据学前儿童身心发展规律，以维护和促进学前儿童身心健康为目的所进行的一切活动。狭义的学前儿童体育是指幼儿园教师为养护幼儿，有目的、有计划地指导幼儿掌握卫生保健知识、发展动作和增强体质的教育活动。学前儿童体育的目的是为了使幼儿了解有关健康的知识、发展幼儿的体力、增强幼儿的体质，最终实现全面发展。本书所指的学前儿童体育仅限于狭义的学前儿童体育。

二、学前儿童体育的意义

学前期是个体身体发育的重要时期，也是个体心理发展的重要时期。学前儿童的身体发展对其认知、情感发展以及个性的形成都有着重要的影响。

学前儿童体育既是帮助学前儿童健康和谐、全面发展的重要基础和重要保证，也是提高国民素质，促进社会发展的基本前提之一。概括来说，学前儿童体育有以下三大意义。

（一）促进幼儿身体发育、增强幼儿体质

体质由身体各方面的综合表现组成，包括体格、体能、适应能力和心理因素等方面相对稳定的特征。

1. 体格

指人体的形态结构，包括人体的生长发育、体型和身体姿势等。对幼儿来说，体育活动首先促进骨骼与肌肉的生长。长期的体育锻炼可使肌肉力量和耐力提高，骨骼增粗变长，骨密质增厚。体育锻炼时体内物质的新陈代谢的改善还可以增加能量的消耗；运动时呼吸的加强，膈肌活动范围的加大以及腹肌力量的增加，均可促进消化吸收功能，增进幼儿食欲，为增强幼儿体质提供丰富的物质基础。

幼儿骨骼中的有机物含量较多，不易骨折但却容易弯曲变形，体育锻炼可以通过培养幼儿正确的行、走、跑、跳和坐立姿势，防止脊柱畸形。对幼

儿已经形成的错误姿势，也可以通过体育锻炼的手段加以矫正。

2. 体能

包括生理机能（如脉搏、血压、肺活量等）、身体素质（如速度、力量、耐力、柔韧性、协调性等），以及身体基本活动能力（如走、跑、跳、投掷等基本动作）。

经常进行体育锻炼能提高机体对周围环境急剧变化的耐受力和对疾病的抵抗力。在冷、热环境中进行锻炼可使皮肤及呼吸道黏膜经常接受冷、热刺激，提高机体对外界气温变化的适应性，增强人体抵抗力。经常进行适量的体育锻炼，可以改善神经系统的功能，使大脑皮质与运动、循环、呼吸、消化、吸收等系统的活动协调，增强机体的新陈代谢及组织器官的同化作用，使体弱多病或发育不良的幼儿通过体育锻炼得以康复。

3. 适应能力

适应能力指机体对外界环境各种变化的适应能力以及抵抗疾病的能力。

国内外许多医生、体育教师和教育专家非常重视从学前时期开始进行系统的体育锻炼。他们通过广泛的实验研究证明，经常、系统的体育锻炼能有效地促进儿童的生长发育，增进健康和抵抗疾病的能力。

国内有人曾对五六岁儿童参加系统的体育锻炼进行了对照试验和医学观察，经过一年半锻炼后，发现他们在身高、体重、胸围和肺活量等方面的增长速度都比生活条件相近但没有进行系统体育锻炼的儿童快。上海市儿童体育锻炼医学观察小组曾经对全市六个区 400 多名学前儿童进行了为期三年半的观察，发现经过三年体育锻炼的学前儿童，身体发育水平显著高于未锻炼的学前儿童，身高平均多增长 22.27 cm，体重平均多增加 0.39kg，肺活量平均增多 73 mmHg，心率平均少 9～10 次。另外，发病率比锻炼前下降了 27.78%。[1] 这说明坚持体育锻炼对儿童循环、呼吸、消化、吸收等系统的发育的确有积极的作用。

---

[1] 周君华. 婴幼儿体育的理论与实践 [M]. 北京：高等教育出版社，2008：8.

4. 心理因素

指个体的思维、记忆能力以及个性等。体育对幼儿心理的发展也具有促进作用，可以发展智力，培养自信心、合作精神，磨炼意志，等等。

（二）促进幼儿身心和谐发展，为全面发展奠定良好基础

经常参加体育锻炼的幼儿精神饱满、思维敏锐、睡眠充分、注意力集中、不容易疲劳，身体的发育和智力的发展均优于较少参加体育活动的同龄幼儿。可以说，幼儿身体的正常发育，为他们的全面发展提供了良好的物质基础。

学前儿童体育可以通过促进神经系统的发育开发智力。美国心理学家通过对幼鼠的训练发现，运动能有效地增加幼鼠大脑的重量、皮质的厚度和神经细胞的体积，细胞之间突触的数量亦渐增多。这一结果说明后天的实践活动和脑组织的结构变化是相互联系的，而体育锻炼对大脑和神经系统其他各部分的生长发育同样可能起到类似的作用。

体育锻炼可以使幼儿获得丰富的感官刺激，神经系统综合调节能力增强，兴奋与抑制过程和谐。体育锻炼的每一个动作都以刺激的方式作用于神经系统，使神经系统兴奋和抑制过程加强，使全身各个器官系统的协调共济得以改善，为智力的发展和技能的学习提供必要的物质基础。

总之，学前儿童体育的实施，不仅为智育提供了良好的基础，也对培养幼儿良好的道德品质和细腻的审美情趣等发挥着重要作用，是全面发展教育的基石。

（三）通过改善个体素质，进而提高民族的素质

学前时期是身体发育、智力发育和个性品质形成的关键时期。从小进行体育锻炼既能促进身体发育、增强体质，又能够促进智力发展和良好个性的培养。

学前儿童体育是帮助幼儿健康和谐、全面发展的重要基础和重要保证，也是提高国民素质、促进社会发展的基本前提之一。健康的身体不仅是个体成长的物质基础，也是其他一切领域教育的基础。因此，学前儿童体育直接影响个体的成长质量和发展空间，进而将影响一个国家和民族的未来。理所应当成为全面发展教育体系中的重要组成部分。

三、学前儿童身体发育特点及体育的目标、任务与内容

（一）学前儿童身体发育特点

1. 0~3 岁儿童身体发育特点

0~3 岁的儿童处于人生第一个快速生长的高峰。正常新生儿的平均体重为 3300~3500g，身长 46~52 cm，头围 34 cm，胸围比头围略小 1~2 cm。4 个半月时男婴和女婴体重可增加一倍。10 个月的男婴和 11~12 个月的女婴其体重可增加两倍。满周岁的婴儿其体重增加约 7 kg，身高增加约 25 cm。

体重的增加是婴儿全面发育的一部分，然而，影响婴儿体重增加的因素很多，包括生活作息制度、营养、疾病与护理等。因此，成人必须遵循婴儿正确的睡眠和作息制度，并适时定量地喂营养汁、蛋黄、肉、水果和其他食品。新鲜空气浴和传染病的预防等对婴儿的全面发育也非常重要。

儿童在第二年的体重增加量只有 2 kg 左右。一周岁左右，婴儿的生长速度开始减慢，到下一个生长高峰（少年期）前，他们的身高和体重会稳定增加，但不如出生最初几个月那么快。

15 个月时，女孩的平均体重大约是 10 kg，身高大约是 77.5 cm；男孩的平均体重大约是 10.4 kg，身高大约是 78 cm。到 2 岁时，女孩的身高大约是 88 cm，体重大约是 12.2 kg；男孩的身高大约是 88 cm，体重大约是 12.6 kg。

学会走路的儿童体貌的改变比身高、体重变化大得多。12 个月时，儿童初学走路，头部和腹部仍然是身体的最大部位，站立时腹部会比较突出。随着儿童活动量的增加，上述情况会慢慢地发生变化。最显著的特点是儿童头部的生长速度减慢，而腿部和躯干的生长速度加快。

随着身体各部分生长速度的改变，儿童身体和腿的比例日益均衡。通过测量儿童的坐高，可以感受到这些变化。坐高是从头顶到座位表面的距离。新生儿坐高大约是身长的 70%，主要是因为头部特别大。到 2 岁时坐高大约是身长的 60%，3 岁时是身长的 57%，13~14 岁时是身长的 52%。

总的来说，0～3岁儿童将会持续稳定地生长。一般而言，儿童每年增高6 cm左右，体重每年增加大约2 kg。在2～3岁，有些健康儿童的发育速度要比其他同龄人稍慢，这些是正常现象。同龄儿童之间也会存在身高和体重的差异。

2. 3～6岁儿童的身体发育特点

与3岁以前相比，这个阶段的儿童发育速度相对变缓，但是比后期发展还是要快得多。在这个阶段，儿童的身高年增长4～7 cm，体重年增加4 kg左右。这个时期由于儿童各项生理的发育速度较快，所以新陈代谢比较旺盛。但是由于身体的机能发育还不成熟，因此对外界环境的适应能力以及对疾病的抵抗能力都较弱。

这个阶段儿童的骨骼硬度较小，但是弹性非常大，容易变形，可塑性强，因此一些适宜的舞蹈、体操、武术等项目的训练可以从这个阶段开始。但也正因如此，如果儿童长期姿势不正确或受到外伤，就会引起骨骼变形或骨折。这个阶段儿童肌肉体积小，收缩力弱，肌肉还处于发育不平衡阶段：大肌肉群发育得早，小肌肉群发育还不完善，而且肌肉的力最差，特别容易受损伤。这个阶段儿童肌肉发育的特点为：跑、跳已经很熟练，但是手的小肌肉群发展缓慢，手部动作还很笨拙，一些比较精细的动作还不能成功完成。

这个阶段儿童的皮肤非常娇嫩，特别容易受伤或受到感染，对温度的调节功能比成人差。当外界温度突变时，容易受凉或中暑，因此要及时增减衣服。儿童的心脏心腔小，心肌薄，心肌收缩力小，心跳快。儿童的心肺体积比例大，心脏的收缩力差，平均每分钟心跳90～110次，大强度的运动，会使心脏负担加重，影响身体健康。这个阶段儿童肺的弹性较差，肺组织的弹力纤维少，肺活量小，呼吸弱，心肺的功能较成人要差，对空气的交换量较少，所以呼吸时频率很快。一些儿童为了方便呼吸，养成用嘴呼吸的习惯，导致易患感冒、肺炎。因此，成人应及时纠正儿童的这种习惯，让其学会用鼻子呼吸。

这个阶段儿童身体中的血含量比成年人多，但是血液中水的成分较多，凝血物质少，出血后血液的凝固速度慢。儿童淋巴细胞较多，嗜中性白细胞较少，所以易感染各种传染病，因此要注意增强体质，提高抵抗力。

这个阶段儿童的听觉和嗅觉能力非常强，但是外耳道却比较狭窄，到3岁时外耳壁还未完全骨化和愈合，而且他们的咽鼓管即鼻咽腔与鼓室之间的通道比成人粗短，呈水平位，因此要注意耳鼻的卫生，防止水进入耳内引起中耳炎。

这个阶段儿童的排尿次数多，控制力差。这是因为他们的膀胱肌肉层较薄，弹性差，贮尿机能弱，神经系统对排尿过程的调节作用也较差。因此，儿童在兴奋或疲劳时特别容易遗尿。

总的来讲，学前儿童的身体发育还不完善，对各种疾病的抵抗能力还很弱，因此在加强适宜锻炼的同时，还要注意营养，并养成良好的个人卫生习惯。

（二）学前儿童体育的目标、任务与内容

1. 学前儿童体育的目标、任务

《幼儿园工作规程》提出幼儿园保育和教育目标的第一条就是"促进幼儿身体正常发育和机能的协调发展，增强体质，促进心理健康，培养良好的生活习惯、卫生习惯和参加体育活动的兴趣"。

《幼儿园教育指导纲要（试行）》指出，我国幼儿园健康领域的主要目的是"增强幼儿体质，培养健康生活的态度和行为习惯"，并制定了具体的目标：身体健康，在集体生活中情绪安定、愉快；生活、卫生习惯良好，有基本的生活自理能力；知道必要的安全保健常识，学习保护自己；喜欢参加体育活动，动作协调、灵活。

结合以上论述以及幼儿的身心发展特点，学前儿童体育的目标应该是：通过适宜的体育游戏与活动，锻炼幼儿的身体，增强幼儿的体质，提高其身体机能水平、环境适应能力和疾病抵抗能力，促进其身心全面发展，为幼儿未来的健康成长打好基础。

为实现以上目标，学前儿童体育的基本任务包括以下五个方面：保证幼儿的生命安全，促进其正常发育；锻炼幼儿的身体，增强其体质；培养幼儿适宜的运动知识和运动技能；培养幼儿的体育兴趣，锻炼其意志；培养幼儿良好的饮食与卫生习惯。

2. 学前儿童体育的内容

结合学前儿童体育的目标与任务，我们把学前儿童体育的内容总结为以下三大类：

(1) 身体练习

身体练习包括基本动作练习、身体素质练习、体育器械练习等。通过基本动作练习，幼儿能够逐步掌握走、跑、跳、钻、爬、攀、投等各种动作的正确姿势，发展相应的各种动作能力。通过身体素质练习，幼儿身体各方面素质进一步提高，身体柔韧性、反应能力、协调能力、基本速度和基本力量等得到改善。通过恰当的体育器械练习，幼儿可以发展对体育活动的兴趣，并发展动作能力、身体素质，使大小肌肉群都得到锻炼与发展。

(2) 体育活动

充分利用各种场地和各种活动形式，将走、跑、跳、钻、爬、攀等各种体育运动形式在活动中合理安排，发展幼儿动作的协调性、灵活性，提高身体素质。体育活动包括早操、户外活动、室内活动、体育游戏、运动会以及其他形式的体育活动，如散步、"三浴"（水浴、空气浴和阳光浴）锻炼。

(3) 体育教学活动

教师通过有目的、有计划的教学活动，帮助幼儿有针对性地提高身体的各种机能，锻炼肌肉，增强幼儿的体质，并培养其对运动的兴趣，养成良好的运动习惯和卫生习惯等。

四、学前儿童体育的实施

如上所述，学前儿童体育包括适宜的身体练习、体育活动和体育教学活动。在实施学前儿童体育时，我们首先要讨论学前儿童体育的基本特点，并总结指导学前儿童体育的基本原则。

(一) 学前儿童体育的特点

学前儿童体育是以锻炼身体为主的活动。学前儿童体育与其他领域教育以及其他年龄阶段的体育相比，有其独特之处，归纳起来有以下四个方面的特点。

1. 以身体养护为基本前提

教师首先应该积极创设良好的生活条件，科学护理幼儿的生活，制订和执行合理的生活制度，培养幼儿良好的生活卫生习惯，提供丰富的适宜幼儿生长发育的多种营养。这也是学前儿童体育不同于其他年龄阶段体育的一项主要特点。

2. 以肢体运动为主要内容

与其他领域的教育相比，学前儿童体育主要以身体运动或肢体动作等为主要内容。从幼儿身体发育的特点出发，教师必须考虑特定年龄幼儿的运动负荷问题。

3. 以体育游戏为主要形式

游戏是幼儿的天性。这是学前儿童体育不同于其他年龄阶段体育的重要特点。从教师教学的角度出发，体育教学活动的组织形式多是游戏。因此，幼儿园体育教师的活动组织过程比较难控制。教师要充分考虑幼儿的心理特点，关注幼儿的心理需求，选择适合幼儿的游戏形式。

4. 以户外环境为主要场地

从体育教学的环境出发，幼儿园体育教学活动的实施场所比幼儿园其他教学活动需要更大的空间与更大的开放性。大部分体育教学活动会在户外进行，因此干扰因素比较多，再加上幼儿的注意力容易分散，情绪易受影响，所以对教师的活动组织能力要求很高。

（二）学前儿童体育的指导原则

当前学前儿童体育提倡的理念是以幼儿发展为本，以促进幼儿身心健康为核心，面向全体、关注个别差异，促进每一位幼儿富有个性化的发展。那么，在学前儿童体育的具体实施中如何贯彻这一理念呢？下面以体育教学活动为例进行说明。

总的来说，学前儿童体育教学活动的开展应该遵循科学性、安全性、适宜性、趣味性四大原则。

1. 科学性

科学性是指根据幼儿生理、心理的特点来安排体育教学活动。体育教学活动的开展，必须遵循幼儿的一般运动规律和身心特点。

幼儿参与体育活动的兴趣浓厚，情绪兴奋，但注意力不持久，自制力也比较弱。幼儿身体机能比较弱，容易出汗和疲劳，但经过适当的休息又能够很快恢复。因此，幼儿不宜进行过大压力的负重练习，也不能进行过长时间的大强度训练。幼儿的运动能力进步很快，但每次持续的时间不能够太久。幼儿的心脏发育落后于骨骼肌，心肌收缩力量弱，血压低，心输出量小，因此不宜做单调的、长时间维持一种姿势的静力性练习，以及容易引起憋气的力量性练习。所有这些幼儿身体发育的特点，都必须成为教师指导、开展体育教学活动的依据。

2. 安全性

体育教学活动要特别注意安全问题。幼儿处于生长发育过程中，其骨骼及软组织易受到损伤，所以开展体育教学活动首先要注意各种动作姿势的正确性和身体正确姿势的培养，使幼儿形成良好体态仪表，防止骨骼变形。教师在体育教学活动的组织及实施中要把安全放到首要位置。教师在设计体育教学活动时，不要安排难度过大、疼痛感较强的练习，原则上不要搞技巧性训练；要在有地板的室内或有沙土的平地或有草坪的地方进行锻炼，以降低地面对幼儿机体的反作用力。如果在水泥地上或柏油路面上进行锻炼时，一定要求幼儿穿软底鞋，以减轻硬度高的地面的反震力对幼儿肢体和肌肉群的损伤。

教师在体育教学活动前后应该安排必要的热身准备活动和整理活动，运动时要细心检查场地器材，科学安排活动顺序，避免出现意外伤害事故。体育锻炼可使幼儿机体消耗的热量增多，要合理地补充糖、脂肪、蛋白质、维生素和钙、磷、铁、锌及其他微量元素，既要使锻炼时消耗的能量物质充分恢复，又要为幼儿生长发育提供丰富的物质基础。

3. 适宜性

根据美国儿童体育委员会的观点，优质的体育无论是从发展的角度还是从教育的角度，都应该适合被服务的特定儿童。开展适宜的体育运动必须了解不同年龄段儿童运动发展的能力，并且找到儿童的"最近发展区"，以促进儿童发展。发展适宜的体育课程强调根据儿童的发展水平来提供有组织的教学内容，同时把从研究儿童的运动经验中获得的最新成果纳入教学大纲（课程）中，使所有儿童得到最大可能的发展。

适宜的学前儿童体育应该采用适合幼儿的活动形式，组织适合的活动内容促进幼儿发展。游戏是幼儿的好伙伴，也是学前儿童体育的重要途径。高质量的学前儿童体育还能够充分体现教师与幼儿以及幼儿与幼儿之间的互动性。有时候，幼儿自己也可以成为体育游戏的主角与导演。教师需要关注的是，如何让体育活动的客观因素和主观因素之间保持一种平衡性互动。除了安排足够的时间、空间以及材料，还要通过建议、示范、指导以及提供延伸到第二天的体育活动或游戏主题来帮助幼儿开展后续活动。一个有经验的教师还会在体育教学活动的过程中把握幼儿的个别差异，适时地对活动做出必要的调整，以维持教学的有序性和有效性。正如《幼儿园教育指导纲要（试行）》所说，幼儿不是被动的"被保护者"。教师要尊重幼儿不断增长的独立需要，在对幼儿实施保育的同时，指导他们掌握生活自理技能，锻炼自我保护能力。此外，在学前阶段，幼儿的社会性发展较差，兴趣爱好、特长表现不明显，意志不坚定，对问题的判断能力差，应变能力弱，情绪、个性、性格都有待于后续的培养。教师创设适宜的环境和活动方式对幼儿各方面的发展具有促进作用。

4. 趣味性

幼儿大脑兴奋过程占有明显的优势，易疲劳也易恢复；注意力容易分散，兴趣也难以持久。所以，学前儿童体育的组织形式应以富有童趣的体育游戏为主。如数字游戏、抓鱼儿、丢手绢、捉迷藏等。游戏内容要丰富、有趣味，游戏持续时间不宜过长。

由于幼儿处于形象思维发展阶段，所以学习运动技能时应该运用直观教学和示范的方法，多做模仿性练习。兴趣是幼儿参加活动的主要动力，教师可以采用"捉迷藏""老鹰捉小鸡""找朋友""你追我赶"等体育游戏发展幼儿的协调能力以及速度、力量等身体素质。

幼儿好玩、好动的特征使游戏成为幼儿练习和运用基本动作技能的理想载体。教师可以淡化体育教学活动中的准备活动，以游戏的形式来热身。教师还要注重体育教学活动的情景性，以激发幼儿的学习兴趣。

绝大多数幼儿参加体育活动，首先是由于好奇与好玩，他们还不能自觉意识到体育的意义。他们不注意练习内容的动作要领和方法，并且不感兴趣，往往以追求运动过程中的各种新异刺激、浓烈的运动气氛和种种趣味情境为最大满足。根据幼儿这一特殊的体育需求心理，在这个年龄阶段，教师要因势利导地培养他们的体育兴趣。

在教学过程中，教师首先要利用幼儿好玩好动的特点，注意选择新颖有趣的教学内容，采取多种多样的、适合幼儿年龄并有吸引力的教法和措施，为幼儿创造一个富有乐趣的运动环境，使其能完成教师安排的种种练习，从而达到由好玩转化为要玩、想玩、会玩的目的。其次，教师要通过各种形式，满足幼儿的适当意愿，给他们表现的机会，这样，幼儿就会产生一种极大的满足，而这种满足的积累正是产生体育兴趣的动力。最后，在体育教学活动中，教师要特别注意运用启发式教学，当好"导演"，耐心指导幼儿进行体育锻炼，帮助他们克服困难，并尽可能以"孩子王"的身份参与到他们的活动中去。

第二节 学前儿童的智育教育

智育是学前儿童全面发展教育的重要组成部分。做好学前儿童智育工作不论是对于整个社会的发展，还是对于学前儿童个体的发展，都具有相当重要的意义。

一、学前儿童智育的内涵与意义

（一）学前儿童智育的内涵

学前儿童智育主要指向智能发展。智育应该以对智能的正确理解为基础。一般来说，智能与"智慧"或"智力"基本同义。它是人的一种稳固的心理特征，是人在认识世界并运用知识技能解决问题时必备的心理条件，它涉及人获得与保持知识的能力、对新情况作出反应的能力，以及有效解决问题的能力等。需要说明的是，尽管"智能"与"智力""智慧"的内涵基本相同，但为了防止与智力测验中所测定的智力相混淆，我们在此采用了"智能"一词。

学前儿童智育是指根据学前儿童智能发展的规律与特点，以增进学前儿童对环境的认识，培养有益的兴趣和求知欲，发展学前儿童智能为主要目的的教育活动。

（二）学前儿童智育的意义

概言之，学前儿童智育的意义可以分为对社会发展的意义、对学前儿童个体发展的意义两个方面。毫无疑问，对学前儿童实施智育可以提高学前儿童整体的智能水平，使其继承、丰富与发展人类积累起来的知识技术，从而促进人类社会物质文明与精神文明建设。在当今知识经济时代，智育对于社会发展的重要意义日益凸显。限于篇幅，这里着重探讨智育对学前儿童个体全面发展的意义。

1. 促进智能发展

促进智能发展是学前儿童智育的主要目的。从个体发展价值的角度，它也是学前儿童智育最为重要的意义。围绕个体智能发展的问题，一直存在着"遗传决定论"与"环境决定论"的论争。"遗传决定论"认为，个体智能发展主要受遗传因素的影响，是由遗传基因预先决定的，环境和教育的作用微乎其微。20世纪60年代以后，"遗传决定论"遭到广泛批判，人们提出了"环境决定论"来强调社会生活环境（包括教育）在个体智能发展中的决定作用。经过多年的论争，现在大多数学者普遍认同智能发展的非预成性和多因素相互作用的观点，即个体的智能并不是先天预成的，而是遗传、环境与教育等多种因素相互作用的结果，遗传是个体智能发展的条件，而环境和教育则是重要的决定因素。从这一观点出发，学前儿童智育就具有相当重要的意义。学前期是人一生中智能发展最迅速的时期，如果个体生活在良好的环境中并被施以良好的教育影响，就会极大地促进智能的发展。

2. 满足并不断激发求知欲

求知欲是人类与生俱来的一种认知需求，学前期又是人一生中求知欲非常旺盛的时期，强烈的求知欲是学前儿童不断扩大认知领域，提高其智能水平的强大内在动力。有研究表明，这种内在动力直接影响认知活动的成效。学前儿童对周围世界充满了好奇，会积极主动地进行各种探索和认知活动，当然，他们的认知和探索活动水平还是较低的，偶然、随意的成分还很大。因此，学前儿童智育就可以将偶然、随意的认知活动转化为有目的、有计划的教育活动，不断满足并激发儿童的认知需求，使其能够积极主动地与周围世界相互作用。

3. 增进对环境的认识，丰富知识经验

尽管相对于人一生掌握的知识经验总量来说，学前儿童所获得的知识经验还很少，但是，智能在是个体与周围环境相互作用的过程中获得发展的，学前儿童对知识技能的学习也是发展智能的必要条件。智育可以引导学前儿童获得自然、社会等方面的粗浅知识，增进他们对周围环境的认识，丰富他们的知识经验，并帮助他们将知识进行比较和归纳分类，使之系统化与概括化，这样就会有助于学前儿童获得并保持知识，以及运用知识来解决问题，从而促进学前儿童智能的发展。

除上述三个方面之外，智育的意义还体现在它是学前儿童全面发展的必要条件，审美、体育和社会交往等活动无不需要以学前儿童良好的智能作为基础。此外，智育亦可以有力地促进学前儿童的语言表达和动手操作等多种能力的发展。总之，智育对于学前儿童个体全面发展具有相当重要的意义。

二、智能发展与多元智能理论

（一）学前儿童智能的发展

对学前儿童正确实施智育的必要前提是了解与掌握学前儿童智能发展的规律和特点。现代生理学、心理学的研究成果表明，学前期是人一生中智能发展的奠基时期。这一时期不同年龄儿童的智能发展特点也各不相同。

出生后的第一年是儿童心理发展最迅速、心理特征变化最大的时期。从出生到满月，新生儿在适应母体外生活的过程中，开始在无条件反射的基础上建立条件反射。条件反射的出现对新生儿发展具有极其重大的意义，它意味着心理活动的发生，大大增强了新生儿应对外界环境刺激的能力。出生后2至3周，新生儿开始出现明显的视觉和听觉集中现象。满月以后的婴儿，视觉和听觉迅速发展，3个月的婴儿会积极地用眼睛寻找成人。4至5个月，婴儿手眼协调的动作开始发生，这是婴儿用手的动作去有目地认识世界的萌芽。半岁以后，婴儿喜欢发出各种声音，语言开始萌芽。婴儿的身体动作迅速发展，身体活动的范围比以前扩大，动作更加灵活，并越来越多地受到意识的支配，意向性活动开始出现。

1周岁以后，儿童开始主动掌握经验中的有效动作方式，并能根据客观条件改变动作方式，真正形成了智能动作。1岁半至2岁，人类特有的语言、表象、想象和思维等也开始形成与发展。当事物不在眼前时，儿童大脑中能够出现该事物的表象。表象的发生使儿童进行想象活动成为可能。此外，儿童在这一阶段出现了最初的思维活动。

学前期是儿童感知觉发展的主要时期，不但感知的分化日趋细致，而且感知的主动性和目的方向性不断加强。3岁左右，儿童的观察力开始发展。在这一阶段，儿童身体和手的基本动作已比较自如，已能掌握各种粗大动作和一些精细动作。思维逐渐由直觉行动思维向具体形象思维过渡。此外，3~4岁儿童模仿性非常突出，但他们大多模仿一些表面现象，再大一些的儿童模仿会逐渐内化。

4岁以后儿童的心理发展出现较大的飞跃，4~5岁也是儿童智能发展非常迅速的阶段。儿童行为的有意性明显发展，其有意注意、有意记忆、有意想象的水平都比以前有了较大提高。思维的概括性也日益明显，具体形象思维在这一阶段表现最为典型。此外，具体形象性也体现在儿童的记忆、注意、语言等发展中。儿童的形象记忆能力不断增强，不论是在记忆的广度还是保持长度方面，儿童再认和再现的能力都比以前增强了。

5~6岁儿童的概括性和有意性更加明显，其思维仍然是具体形象的，但也明显出现了抽象逻辑思维的萌芽。这一阶段的儿童能依靠对事物内在本质的理解，凭借概念、判断和推理进行思维。当然，6岁前儿童的抽象逻辑思维发展还是初步的，其推理的抽象概括性、逻辑性和自觉性还较差，对于一些需要多层次分析推理的事情，他们还是力不能及的。

从学前儿童智能发展的一般进程中，可以发现以下的规律和特点：

1. 学前期是个体智能急剧发展变化的关键时期。虽然学前儿童智能的发展水平还不高，但其认识事物、解决问题的各种能力都已基本形成，并具有很大的发展可能性。

2. 随着年龄的增长，学前儿童智能的稳定性逐渐加强。婴儿早期的智能尚不稳定，2~6岁，学前儿童智能发展日趋稳定，水平不断提高，逐渐能够认识事物的内在本质联系。

3. 学前儿童智能的发展不是一蹴而就的，要经历多个发展阶段，总的发展趋势是由低向高。一般来说，学前儿童智能发展的阶段是与其年龄相联系的，发展重点随年龄的不同而有所变化。通常要经历前一个发展阶段之后，才会逐渐过渡到下一个发展阶段。当然，发展进程在一定程度上会因条件不同而有所变化。学前儿童智能发展的阶段性与连续性是辩证统一的。

应当注意的是，如何认识学前儿童的智能结构及其发展特点，不仅仅是一个心理学问题，更是一个直接关涉教育取向和教育发展策略的问题。为进一步拓展对这一问题的认识，我们有必要了解当今世界影响非常广泛的一种智能理论——多元智能理论。

（二）多元智能理论

多元智能理论是由美国哈佛大学教授、心理学家霍华德·加德纳于20世纪80年代提出的。加德纳认为，人类的神经系统经过数千年的进化，已经形成了多个相对独立的功能性领域，它们很难用传统的单一智力观点来解释。传统的智力测验结果也并不能反映大多数人的智能发展水平。多元智能理论旨在改变以往过分强调语言和数理逻辑能力而否定其他能力，造成大量人才浪费的现象。

关于"智能"，加德纳开始时曾将其定义为："智能是在特定的文化背景下或社会中，解决问题或制造产品的能力。解决问题的能力，就是能够针对某一特定的目标，找到通向这一目标的正确路线。文化产品的创造，则需要有获取知识、传播知识、表达个人观点或感受的能力。"[1] 后来，加德纳又给"智能"概念下了更为精确的定义，智能是指"在一种文化环境中个体处理信息的生理和心理潜能，这种潜能可以被文化环境激活以解决实际问题和创造该文化所珍视的产品"[2]。上述界定反映了两个要点：第一，智能是中枢神经系统的潜能，而不是可以用某种特定标准计量的东西；第二，作为潜能的智能可能会被激活，也可能不会被激活。

加德纳提出了人类智能包括八种相对独立的智能：音乐智能、身体运动智能、数理逻辑智能、语言智能、空间智能、人际关系智能、自我认识智能、自然认知智能。

音乐智能是感受、欣赏、表演和创作音乐的能力。

身体运动智能是控制身体运动以及使用整个身体或身体的某个部位来解决问题或创造产品的能力。

数理逻辑智能是指逻辑推理和数学运算方面的能力。

语言智能是掌握并运用口头语言和书面语言的能力。

空间智能是对空间准确知觉、再认、想象和改造的能力，以及运用绘画或其他手段表现空间的能力。

人际关系智能是理解他人情绪情感、目的、动机和愿望的能力，以及有效地和他人相处的能力。

自我认识智能是认识自我、控制自我以及描述自我感受、调整自己生活的能力。

自然认知智能是敏锐地对自然界中的生物进行观察、辨别和分类的能力。

加德纳认为，人类的八种智能具有同等的重要性，并且它们在相当程度

---

[1] 沈致隆. 加德纳·艺术·多元智能 [M]. 北京：北京师范大学出版社，2004：269.
[2] 加德纳. 智力的重构：21世纪的多元智力 [M]. 霍力岩，房阳洋，等，译. 北京：中国轻工业出版社，2004：42.

上是彼此独立存在的。智能的这种独立性意味着，即使一个人有程度很高的某一种智能，却不一定能拥有同样程度的其他智能。另外，人们都需要运用多种智能的组合来解决问题，这就使人类的智能具有丰富多样性和个体独特性，没有哪两个人拥有完全相同的智能组合。开发人类资源的最大挑战就是如何最好地利用各种智能组合所表现出的个体独特性。此外，加德纳还强调指出，各种智能本身没有好与坏、道德与不道德之分。

与传统的智力理论相比，多元智能理论至少有三个方面的突破：首先，智能不再只是以语言和数理逻辑能力为核心，而是注重解决问题和制造产品的能力。其次，智能不再是可以跨越时空用同一标准来衡量的某种特质，而是需要特定文化背景激活的潜能。最后，智能不再是单一的能力或是以某一种能力为中心，而是各自相对独立的多种智能的组合。

多元智能理论为学前儿童智育提供了一些有益的启示：首先，如果将智能理解为解决问题和创造产品的能力，那么就可以为学前儿童智育找到一个新的支撑点，应该把培养学前儿童解决实际问题的能力和初步的创造能力作为智育的重心。其次，如果从多元智能理论强调特定文化价值的角度出发，那么学前儿童智育就应该因时因地制宜，尊重特定社会文化的价值。再次，如果认为人类的八种智能同等重要，那么学前儿童智育就有责任将学前儿童的多种潜能激发出来，使其多种智能都得到有效发展。最后，如果能看到人类智能组合的多样性与个体独特性，那么学前儿童智育就应该在保证学前儿童全面发展的同时，注重因材施教，注重个体独特性的培养。

三、学前儿童智育的内容

智育的内容必须以智育的目标为依据。在 2016 年颁布并实施的《幼儿园工作规程》中，第一章"总则"的第五条明确规定了幼儿园保育和教育的主要目标。其中，智育的目标是："发展幼儿智力，培养正确运用感官和运用语言交往的基本能力，增进对环境的认识，培养有益的兴趣和求知欲望，培养初步的动手探究能力。"这是对学前儿童智育目标的总体描述。

依据学前儿童智育的目标，学前儿童智育的内容包括以下几个方面。

(一) 发展幼儿感知觉和初步的动手探究能力

在发展幼儿感知觉和初步的动手探究能力时，应注意以下方面：

1. 保护幼儿的感觉器官

幼儿感知能力和动手探究能力发展的物质基础是其感觉器官的正常生长发育与机能的成熟。因此，必须注意保护幼儿的视觉、听觉。触觉、味觉和嗅觉等各种感觉器官，采取各种保护措施，消除不利的环境因素影响。如从安全、光线、用眼卫生等方面采取措施保护幼儿的视觉器官；创设良好的听觉环境，避免噪声或无声的环境，因为这两种环境对幼儿的听觉器官发展都是不利的。

2. 发展幼儿的各种感知觉和动手探究能力，帮助幼儿掌握社会感知经验标准

个体在出生时虽已具备了各种初步的感知觉，但这些简单的视觉、听觉、触觉或嗅觉反应，还不能称为人所特有的感知能力。人所特有的感知能力是在掌握人类世代积累的社会感知经验的过程中形成和发展起来的。这种以符号为标志、具有一定标准且可以在人与人之间交流的社会感知经验是人和动物感知觉发展的本质区别之所在。但是，幼儿掌握社会感知经验标准并不是一个自发的过程，社会环境尤其是教育在其中起着重要的作用。幼儿要通过适宜的环境进行感知和动手操作来探索认知外部的世界，并借此使自己的身体、动作、感官得以发展。[①] 在保证幼儿安全的前提下，成人应鼓励幼儿多动手探究，操作、摆弄、接触各种事物，从而不断发展其视觉、听觉、触摸觉、肤觉、味觉、嗅觉以及空间知觉和时间知觉等，并帮助幼儿由掌握简单的社会感知经验标准开始，逐渐掌握系统而复杂的社会感知经验标准，从而形成人所特有的感知能力。

3. 发展幼儿的观察力

观察是围绕一定的目的与任务，综合运用多种感觉和知觉进行的比较持久的认知活动。观察力是在感觉和知觉基础上发展起来的一种重要的认知能

---

① 虞永平. 幼儿教育观新论 [M]. 北京：人民教育出版社，2006：73.

力。良好的观察力对幼儿主动认识周围环境、发展智能都具有重要的意义。

观察力并不是个体生来就有的,而是在实践活动中逐渐形成与发展起来的。培养幼儿的观察力,首先要注意提高幼儿观察的有意性和自觉性。应引导幼儿掌握观察的方法,如从头到尾、由表及里、从上到下、从左到右、从整体到局部或从局部到整体有顺序地观察,以及一一对应地比较观察。培养观察力的侧重点应依据幼儿年龄而有所不同。年龄较小的幼儿多需要成人用各种问题来激发观察的兴趣,引导观察的进程,学会观察的方法。对年龄较大的幼儿,教师则应不断提高他们独立观察的能力与水平。

(二) 培养幼儿运用语言交往的能力

培养幼儿运用语言交往的能力也是智育的一项重要内容。培养幼儿运用语言交往的能力,重点是培养他们运用口头语言交往的能力。在口头语言中,又可以根据语言交往活动的性质,分为对话性语言和叙述性语言。与对话性语言的情景性、合作性和简略性特点不同,叙述性语言具有逻辑性较强、完整连贯等特点。这两种语言能力都应得到重视与培养。同时,教师还要帮助幼儿了解文字符号的交际功能与意义。

教师应注重培养幼儿运用语言与人交往的兴趣,喜欢用语言表达自己和与人交流;要帮助幼儿掌握运用语言交往的基本技能,如轮流表达、倾听、协商和讨论等;要在学习本民族语言的同时,帮助幼儿学习使用普通话;要在发展口头语言的同时,帮助幼儿了解文字符号的交际功能,正确理解与使用常用词汇,提高他们的语言表达能力。为了更好地完成上述培养内容,教师应组织形式多样、内容丰富多彩的语言交往活动,创造条件让幼儿多说话,引导幼儿在宽松、自由、丰富的语言环境中主动使用语言与人交往。

(三) 增进幼儿对环境的认识,丰富他们的知识经验

幼儿智能的发展是不能与认识周围环境,获得知识经验截然分开的,否则智能的发展就成为"无本之木"。幼儿正是在认识周围环境,与之相互作用的过程中逐步发展其智能的。

幼儿所认识的周围环境包括自然环境和社会生活环境。此外,由于任何物体都是以一定的数量、形状和大小存在于时空之中的,教师还应当促进幼

儿对数学初步知识的掌握。必须注意的是，幼儿对知识经验的学习与学龄儿童不同，不论是学习的内容还是方式都有其独特之处。在学习的内容方面，幼儿认识的范围虽然广泛，但内容浅显，以直接接触的周围环境和感性经验为基础；而学龄儿童的学习则是更为系统的学科学习。在学习的方式上，与学龄儿童以书面学习为主不同，幼儿主要运用口头语言学习，采用游戏的方式或通过直观教具、实地观察等方式来获得知识经验，学习方式更加多样化和形象化。教师在增进幼儿对环境的认识，丰富其知识经验时，必须考虑幼儿学习的独特性。

（四）培养幼儿有益的兴趣和求知欲

学前期是人的一生中求知欲非常旺盛的时期。所谓求知欲，即探索、了解未知事物的意图和愿望。求知欲和有益的兴趣会成为幼儿主动完成认知活动的强大内在动力。

幼儿手动探索的兴趣、创造的兴趣等都属于有益的兴趣。求知欲在幼儿身上首先表现为强烈的好奇心，他们对各种事物和现象都感到新鲜好奇，进而这种好奇心会发展成为求知欲。幼儿经常会向成人提出大量问题，并通过自己的观察、试验等方法来尝试解决问题。可以说，有益的兴趣与求知欲的满足会给幼儿带来愉悦的心理体验，并激发出更为强烈的认知需求，形成一种良性循环，成为促进幼儿智能发展的强大原动力。

需要注意的是，幼儿有益兴趣和求知欲的发展并不是一个自发的过程。如果缺乏保护、引导和培养，幼儿的兴趣与求知欲很可能会减退甚至消失。因此，教师应当有目的、有计划地培养幼儿的兴趣和求知欲。如为幼儿创设丰富多彩的环境，采用富有启发性的教学方式，注意保护幼儿的好奇心，正确对待他们提出的问题。

四、学前儿童智能的培养

智能的培养是一个长期的过程，因此，在幼儿园中，教师应通过广泛的生活领域和多种途径来培养幼儿的智能，而不能仅仅依靠集体教学活动这种单一的途径。

（一）日常生活活动

日常生活活动对幼儿智能的发展具有潜移默化的重要影响，教师应充分利用日常生活中的各种智育因素，自然地培养幼儿的智能。例如，根据幼儿借助具体事件或现象来感知时间的特点，教师可结合日常生活中的一些事件，引导幼儿感知相应的时间概念。例如，早晨入园时，教师可以问幼儿："今天早晨你在家里吃早饭了吗？""昨天晚上你看动画片了吗？"引导幼儿感知"今天""昨天""早晨""晚上"等时间概念。又如，由于日常生活中的事物都是有数量关系的，教师可充分利用这些事物来帮助幼儿逐渐积累有关"数"概念的感性经验。此外，在每天带领幼儿去户外散步时，教师可引导幼儿观察哪些树落叶，哪些树不落叶，它们各有什么特征……通过这些日常生活活动，幼儿在不知不觉间就主动获取了一些感性认识与经验，促进了智能的发展。

（二）游戏活动

幼儿的主要活动形式是游戏，幼儿的发展是在游戏中实现的。利用游戏活动培养幼儿的智能也就必然成为一条重要途径。在游戏的虚拟环境中，幼儿可以不受现实强制性目的的控制，生动活泼地学习和解决各种问题，在轻松、自由、愉悦的状态中不断提高其智能发展水平。

通过游戏活动培养幼儿的智能时，一定要选择或设计符合其年龄阶段的游戏方式，因为儿童游戏的形式与水平是与其年龄阶段直接相关的。3岁前，幼儿的游戏能力还处于从萌发到初步发展的阶段。3～6岁，无论游戏形式还是游戏技巧都得到了空前发展，逐渐达到高峰，幼儿对结构游戏、象征性游戏和规则游戏都表现出浓厚的兴趣。教师应充分利用这些特点来培养幼儿的智能。例如，"摸人""摸箱"等游戏，可以专门发展幼儿的触摸觉。为了发展幼儿的观察力，教师可以设计一些观察游戏，如走迷宫、拼图、辨别图形的异同、找出特殊图形等。为增进幼儿对社会生活环境的认识，教师可充分利用象征性游戏活动，如娃娃家、幼儿园、商店、医院、邮局、饭店等，将游戏内容从家庭逐渐扩大到更广泛的社会生活中，让幼儿在扮演妈妈、幼儿园教师、营业员、医生等各种角色的过程中，轻松自然地积累社会生活经验。

（三）集体教学活动

集体教学活动是培养幼儿智能的重要途径。教师可以利用有目的、有计划的教育教学活动来落实智育内容，促进幼儿智能发展，并为幼儿进入小学学习做好必要的准备。

根据幼儿智能发展的规律与特点，幼儿园集体教学活动应有其自身的独特性，而不能采取小学化的教学方式。由于幼儿智能发展具有动作性、具体形象性等特点，因此，集体教学活动应多采取幼儿喜闻乐见的教学方式，多给幼儿提供直观的教具和动手操作的机会。例如，认识磁铁的性能时，教师可以给幼儿提供各种操作材料，如木条、纸张、塑料袋、曲别针、铁片等，让幼儿亲自用磁铁来吸不同质地的物品，并在观察比较中自己得出结论。此外，教师不宜过多采用集体同声回答问题的方式组织教学，因为这种方式不利于幼儿独立思考和表达个人的见解。教师应经常提出富有启发性的问题来开阔幼儿的思路，激发幼儿的兴趣，引导幼儿多角度地认识问题，从而逐步提高幼儿发现问题和解决问题的能力。

应当说明的是，日常生活、游戏活动和集体教学活动只是培养幼儿智能的主要途径。除此之外，教师还可通过参观、调查、劳动等其他途径来培养幼儿的智能。教师应将各种途径有机结合起来，生动、灵活地促进幼儿的智能发展。

第三节 学前儿童的德育教育

德育长期以来一直都是幼儿园教育的重要内容之一。德育主要涉及的是个体社会性发展，最终的目的是培养和塑造学前儿童良好的道德品质和道德人格。

一、学前儿童德育的内涵

学前儿童德育是指教育者按照社会主流价值观的要求，运用恰当的方式、方法引导，在促进学前儿童社会性发展的基础上，培养学前儿童良好道德品质的活动。

二、学前儿童德育的历史

我国有着悠久的道德教育传统，对学前儿童的教育既体现在对学前儿童身体的养育与照顾上，也体现在对学前儿童良好品德礼仪的熏陶上。在中国古代，德育的内容主要体现为各种礼仪伦常的教育，由此各种礼仪伦常教育是童蒙教育的主要内容。在幼儿园课程体系中，德育也一直占据着重要的地位。1951年颁布的《幼儿园暂行教学纲要（草案）》指出，通过爱国主义和国民公德等教育培养幼儿的道德品质是幼儿园的一项重要任务。1956年颁布的《幼儿园教育工作指南》进一步指出学前教育的目的是进行全面发展的共产主义教育，包括德育、智育、体育几个部分，明确提出德育的任务是培养年轻一代具有符合社会主义要求的道德品质。1996年颁布、2016年修订的《幼儿园工作规程》在阐述幼儿园保育和教育的主要目标时提出德育的目标是："萌发幼儿爱祖国、爱家乡、爱集体、爱劳动、爱科学的情感，培养诚实、自信、友爱、勇敢、勤学、好问、爱护公物、克服困难、讲礼貌、守纪律等良好的品德行为和习惯，以及活泼开朗的性格。"从20世纪90年代开始，我国的教育工作者开始关注学前儿童社会性的研究，使得学前儿童德育的理念开始发生转变，德育的内涵向社会性方向延伸。

三、学前儿童社会性发展、社会教育与德育

（一）学前儿童社会性发展、社会教育的内涵

"社会性"是发展心理学中的术语。一般认为，社会性就是由人的社会存在所获得的一切特征，符合社会规范的典型行为方式。学前儿童社会性发展既受自身身体发展过程的制约，也受环境和教育的影响。从社会性发展的内容来看，学前儿童社会性发展体现在很多方面，不同的研究者也提出了不同的分类。从操作层面来看，学前儿童社会性发展可分为社会认知、社会情感、亲社会行为和道德发展四个方面。这四个方面是作为一个整体体现在学

前儿童发展中的。

学前儿童社会教育就是旨在促进学前儿童社会性发展和人格发展的教育，是学前儿童全面发展教育的重要组成部分。

（二）社会教育与德育的关系

新中国成立后，我国的幼儿园课程经历了从德育向社会教育转变的过程。2001年的《幼儿园教育指导纲要（试行）》将原来幼儿园课程中的思想品德与社会常识及一些和学前儿童"知情意"发展相关的内容整合为社会领域课程，"社会"由此成为五大领域课程之一。

社会教育与德育既有联系也有区别。社会教育的范畴更大，包含德育。因为学前儿童的道德发展是建立在社会性发展基础上的，是社会性发展到一定阶段的产物。二者的区别在于道德指涉的是善恶问题，社会性发展指涉的是个体能否具有良好的合群性，是否适应群体生活的问题。前者具有道德评判的意义，它的重心是对个体社会性发展的规范与引导，按照社会期盼与要求，来引导和促进个体的社会性发展，主要是培养学前儿童的亲社会行为。后者则不具有这种价值评判的意义，它虽然包含学前儿童亲社会行为的培养，但还包括学前儿童的自我认知、自我控制、自我评价等内容。教师应该将德育放在社会性发展的基础上来进行，更好地关注学前儿童品格发展的身心基础；否则，便不能有效地理解学前儿童的行为，也无法有效地对其进行道德教育。

四、学前儿童道德发展与教育

（一）学前儿童道德发展的过程与特点

学前儿童德育的前提首先是对学前儿童道德品质的心理结构和发展水平的把握和理解，其次才是采取恰当的教育方式和方法进行教育。

1. 道德品质形成的心理结构

心理学层面一般将个体道德品质的心理结构分为以下四个系统：

一是道德认知系统。即个体对行为的是非、善恶的判断、评价。

二是道德情感系统。它是个体根据一定的道德标准去评定自己和他人行为时，所产生的一种内心的情绪体验。实验证明，一切道德感的产生，如内疚感、同情心、羞愧感等既是稳定的道德品质形成的基础，也是衡量个体道德发展水平的重要指标。

三是道德行为系统。它是指符合道德准则和规范的行为举止。个体的道德发展水平必须通过一定的道德行为体现出来。当道德行为经过反复实践，变成不需要任何外在监督和个人意志约束的自觉行为时，就成为道德习惯。道德习惯是衡量道德品质的最重要的指标。

四是道德意志系统。即自觉克服困难，抵御不良的诱惑，控制和调节道德行为的精神力量。这种意志系统在学前儿童身上就体现为对行为的自我控制能力。自制力主要表现为通过抑制直接的、短期的欲望而控制冲动性的能力，是学前儿童自我控制能力积极而重要的成分。

道德认知、道德情感、道德行为、道德意志四个方面是一个统一的整体，各有作用。道德认知是行为的基础；良好的道德情感是产生和坚持道德行为的动力；道德行为是道德品质的外在体现；道德意志则能够巩固道德认知，强化道德情感，增加道德行为产生的概率。学前儿童德育既要着眼于提升道德认知，也要注意激发道德情感，训练道德行为和习惯，最终达到"知情意行"的统一。

2. 学前儿童道德品质形成的基本规律

个体道德品质的发展有一个过程，刚刚出生的婴儿是谈不上行为的善恶的。在已有的研究中，对儿童道德认知发展的研究主要集中在道德判断方面。皮亚杰对儿童道德发展的阶段进行了研究，他认为儿童认知发展是道德发展的必要条件，道德发展作为一个连续的过程，由于认知结构的变化而表现出明显的阶段性，其中学前儿童主要处于前两个阶段：一是前道德阶段（四五岁之前），这个阶段的儿童处于前运算阶段，其思维是自我中心的，其行为往往受结果支配，还不能对行为本身作出判断，因此还没有形成真正的道德观念。二是他律道德阶段（四五岁至八九岁），这个阶段的儿童对道德的看法是遵守规范，出现了服从别人规则的观念。他们把一切规则和是非观念都看作绝对的，认为只要是成人权威提出的规则，就不能改变，行为只重视后果，不考虑行为的动机。

科尔伯格的研究也在一定程度上验证了皮亚杰的研究，并且进一步提出学前儿童的道德发展阶段处于前习俗水平，这一水平有两个发展阶段：一是服从与惩罚定向阶段。儿童判断行为的好坏根据行为的可见结果，支配自己行为的是奖励和惩罚。二是工具性的目的和交换阶段。对于规定和原则，儿童只有在符合其利益时才遵守，行为是为了满足自己的需要，如"你让我玩四轮车，我就把自行车借给你"。

学前儿童这种道德认知的特点集中体现在道德评价上。首先，学前儿童的道德评价常常模仿或重复父母、教师和其他成人的评价。例如，关于"好"与"坏"的概念，学前儿童只是从行为的外部表现去理解。他们具有简单、粗浅的道德认识，但对人和事的道德判断的评价有很大的依赖性和模仿性，而且他们对"好"与"坏"的判断与家长和教师的态度有关，家长和教师赞许的就是好的，家长和教师反对的就是坏的。其次，学前儿童在进行道德评价时只看效果不问动机。因此，教师和家长必须经常为学前儿童做出道德评价的示范，利用多种教育活动对学前儿童的品德进行培养。

在道德情感发展方面，学前儿童呈现出直觉性，而且具有不稳定性的特征，容易受到他人影响。例如，一个男孩在打人时如果看到教师和同伴正在注视他，往往会有不自在的感觉。这种羞愧感的产生虽然并不一定具有自觉性，但仍然与他过去在特定情境中所受到的集体舆论影响有密切关系。在道德行为方面，学前儿童体现出不稳定性，容易出现反复。这种反复性一方面是由于学前儿童心理发展水平不同导致其行为表现的反复。另一方面，当环境条件发生变化时，学前儿童已经形成的良好行为可能出现反复。例如，在寒暑假之后，幼儿园教师一般都会发现幼儿本来已经形成的一些行为习惯消失了，其原因就在于假期中家庭成员放松了对幼儿的行为要求。另外，学前儿童的道德认知常常和行为脱节，呈现出道德意志薄弱的特点。这种薄弱性主要表现在道德行为的不稳定和不持久，缺乏抵抗诱惑的能力，有时还常常出现明知故犯的现象。这与学前儿童道德认知水平低、生理机能发展不成熟有密切联系。由此可见，学前儿童道德品质的形成是一个长期反复的过程。

这些研究都证明学前儿童还不能很好地协调自己与客体的关系，在思维时总是把注意力集中在自己的愿望、需要、动作上，形成了特有的自我中心思维。要让学前儿童克服这种自我中心思维，成人需要借助移情训练、榜样示范、正面强化等方式逐渐让学前儿童学会去体会他人的感受，进而产生积极的道德行为。

（二）学前儿童德育的实施

学前儿童德育是建立在对学前儿童社会性发展理解基础上的。学前儿童受身心发展特点的限制，对理论化、抽象的善恶教育无法真正理解，因此，学前儿童德育必须结合学前儿童的身心特点，采用合理的方式、方法展开。

1. 学前儿童德育的内容

《幼儿园工作规程》提出德育的目标是："萌发幼儿爱祖国、爱家乡、爱集体、爱劳动、爱科学的情感，培养诚实、自信、友爱、勇敢、勤学、好问、爱护公物、克服困难、讲礼貌、守纪律等良好的品德行为和习惯，以及活泼开朗的性格。"《幼儿园教育指导纲要（试行）》规定的社会领域的目标和任务是："能主动地参与各项活动，有自信心；乐意与人交往，学习互助、合作和分享，有同情心；理解并遵守日常生活中基本的社会行为规则；能努力做好力所能及的事，不怕困难，有初步的责任感；爱父母长辈、老师和同伴，爱集体、爱家乡、爱祖国。"在这五条要求中，第二条、第三条和第五条都与德育有关。把《幼儿园工作规程》和《幼儿园教育指导纲要（试行）》结合起来分析，学前儿童德育的内容包括以下几个方面。

（1）文明礼貌教育

在中国古代，各种礼仪伦常教育是童蒙教育的主要内容，这种传统一直延续至今。在当代的幼儿园中就体现为注重幼儿的文明礼貌教育。这主要通过以下的方式实现：第一，培养幼儿礼貌待人的态度与行为习惯。从幼儿进入幼儿园的第一天起，教师就会运用各种方式让幼儿掌握生活中基本的文明礼貌用语，如"请""谢谢""对不起""没关系"等，帮助幼儿运用恰当的礼貌语言和别人交往。同时，幼儿园还通过日常生活的各个环节渗透这种礼貌待人的教育。第二，引导幼儿养成文明的生活态度和行为习惯。因为幼终归要参与到社会生活中，因此引导幼儿遵守社会公德，养成文明健康的生活习惯是非常重要的，如在公众场合保持环境的整洁有序，遵守公众场合的规则与秩序，等等。这既是个人修养的体现，也会对他人的生活产生影响，让幼儿从小具有公德意识和习惯是德育非常重要的内容。

(2) 人际交往教育

幼儿从家庭进入幼儿园是人际交往圈逐渐扩大，人际交往能力逐渐发展的过程。目前，幼儿在家庭中较缺乏与同伴交往的经验，缺乏相应的交往态度和策略，因此在幼儿园群体生活环境中对幼儿进行人际交往的训练非常重要，如要求他们不能事事处处只顾自己，要与同伴分享食品和玩具，并能遵守游戏规则，收拾玩具，等等。

幼儿园为幼儿提供了稳定的同伴交往环境，这对培养幼儿亲社会行为提供了良好的条件。这种环境能够满足幼儿的社交需要，使其获得社会支持和安全感。幼儿园环境对幼儿的价值在于：第一，培养幼儿积极的交往态度。良好的人际交往能力形成、发展的前提是积极的交往态度。有了积极的交往态度，就有了交往的动力。教师要培养幼儿的交往兴趣，给予幼儿主动交往的勇气，通过各种方式鼓励幼儿去与他人交往，让幼儿克服心理上的畏惧感。从操作的层面看，教师要善于为幼儿创造交往环境，提供交往机会，如有趣的游戏活动，使幼儿投入到群体生活中，开始对他人、对群体生活感兴趣。第二，帮助幼儿掌握正确的交往方式和策略。由于在家庭中同伴交往环境的缺失和固有的自我中心思维特点，幼儿往往缺乏正确的交往方式和策略，致使他们在交往过程中经常获得失败的体验。因此，帮助幼儿掌握基本的交往技能和策略是提升幼儿交往能力的重要途径。这种教育既可以通过日常生活进行渗透，也可以通过对随机事件的处理实现。如教给幼儿如何运用恰当的语言提出要求，在伤害了别人后应该怎么办，如何处理与同伴意见的冲突，等等。在教育方法上可以通过移情训练法、角色扮演法等帮助幼儿摆脱自我中心思维，学会体验他人的情感。第三，引导幼儿发展合作、分享、谦让等亲社会行为。亲社会行为是符合社会期待，并对他人、群体和社会有益的行为。幼儿的亲社会行为不是随年龄增长自发增多的，需要教师有意识地通过幼儿园的生活进行引导,如创设玩具的分享时间;在幼儿需要帮助的时候引导其他幼儿伸出援助之手;给予幼儿更多需要合作才能完成的游戏和任务,让幼儿在游戏的过程中获得这些良好的交往品质等。

(3) 责任感的教育

《幼儿园教育指导纲要(试行)》提出让幼儿做一些力所能及的事情,培养幼儿初步的责任感。具有责任感是品德发展的一个重要方面,而个体责任感的培养需要从学前阶段就开始。幼儿的责任感既体现在认识上,也体现在具体的行为上。在认识层面,要让幼儿理解责任的含义及意义,在平时的生活中也要对幼儿做出具体的行为要求,如让他们知道自己的事情自己做,答应的事情就要做到,会思考行为的后果,不做找借口及责怪别人的事情,等等。当然对不同年龄阶段的幼儿,责任感培养的重点是有所区别的。根据杨丽珠等人的研究,小班幼儿的责任心发展处在依从阶段,他们对责任的意义并不理解,只是根据成人的外在要求和标准做出相应的责任行为,成人的要求及其对相关要求做出的反应对幼儿的影响最大。中班幼儿的责任心发展处在认同阶段,这时他们对责任有了一定的认识,但这种认识还不深刻,还没成为自身的一种信念。大班幼儿的责任心发展处在信奉阶段,此时幼儿的责任心已经内化为自身的价值标准,基本摆脱了对成人权威的畏惧,但还缺少情感力量的支持。[①] 因此,小班幼儿责任感的培养重在行为要求,中班幼儿责任感的培养可以适当增加认知层面的内容,大班幼儿责任感的培养要注意增强幼儿的情感体验。

(4) 爱长辈、爱集体、爱家乡及爱祖国的教育

《幼儿园教育指导纲要(试行)》明确提出要培养幼儿爱父母长辈、老师和同伴,爱集体、爱家乡、爱祖国的情感,要求幼儿首先对身边的人产生积极的情感,然后延伸开来。因此,教师要教育幼儿首先关心自己的亲人和同伴,如在父母生病时给予关心、吃东西时不独享等,由此延伸到爱集体、爱家乡、爱祖国。对家乡、祖国的爱需要激发幼儿的情感体验,如通过游览、

---

① 杨丽珠,邹晓燕.提高幼儿品德教育的有效性[J].学前教育研究,2004(9):5-8.

参观、旅行使幼儿领略到祖国的大好河山,知道祖国领土的辽阔、物产的丰富、文化的悠久。这些都能对幼儿进行爱的熏陶,使他们萌发对祖国的爱。在现实的教育中,教师需要注意的是幼儿关于祖国概念的认知有一个发展过程,教师一定不能将这种教育教条化、形式化。不同的年龄阶段应考虑不同的教育内容,循序渐进。

2. 学前儿童道德学习的特点

德育关注的是学前儿童道德品质的发展,道德学习与其他知识技能的学习相比有着自身的特点。道德学习的目标是道德情感、态度和价值观的形成。知识和技能学习面向的是人的智力和技能领域,在学习中所需要解决的问题主要是知与不知、理解与否、会与不会的问题。道德学习则面向人的情感、态度和价值观领域,体现为通过学习,人在态度上是否赞同、在情感上是否趋同,在行为上是否愿意践行,最终上升到人的信仰层面,成为一种稳定持久的道德信念和道德行为模式。幼儿园教师首先要了解幼儿道德学习的特点,才能在此基础上对其进行道德教育。与一般知识、技能学习相比,道德学习具有以下特点:

(1) 整合性

与知识、技能学习相比,道德学习的心理机制无疑更为复杂,最为突出的一点就是它更多体现为一种整合性的学习。它需要认知、情感和行为的共同作用、有机整合才能达成。在道德的学习中不存在客观和中立的学习,都是带有情感特征的,同时学习者也需要通过具体的行为进行学习。苏霍姆林斯基指出:"认识,只有在行为能给孩子带来正义感,能使他激动,能使他心灵上产生欢乐感和兴奋,并能振作精神的情况下,才能转化为信念。"[1]这段话深刻揭示了情感在道德学习中所起的作用。概言之,道德学习是在认知、情感、行为等多重因素的共同作用下和不断相互强化的过程中完成的,这就决定了道德学习整合性的特点。

---

[1] 蔡汀,王义高,祖晶.苏霍姆林斯基选集:第4卷[M].北京:教育科学出版社,2001:259.

(2) 随机性和无意性

幼儿随时都在观察身边的一切，尤其是成人的举止和态度，而且这种观察常常在成人没有意识到的状态下发生的。这正是幼儿道德学习的一个特点，他可能在无意中就见到了好或者不好的行为，也就有可能产生行为上的模仿。

(3) 实践性

幼儿的道德学习既包括认知层面的学习，也包括道德情感的学习和道德行为的习得。不管是道德感的巩固，还是道德行为的习得都需要幼儿的亲身实践。相对知识学习更多依靠的是识记、思考、记忆等心理机制的作用，道德学习尤其强调情感体验和行为践行的作用。道德学习不以理解、掌握道德作为其终极的目的，只有在践行的过程中才能得以强化。此外，只有在行为上具有道德评判的意义，并成为一种稳定的行为特征才能说明道德学习产生了效果。

(4) 长期性和反复性

道德品质的形成是一个漫长的过程，不仅需要道德认知作为基础，还需要将道德认知转化为道德行为，并长期坚持进而形成一种道德习惯，这需要在现实生活中长期、反复地实践练习。幼儿由于理性思维能力比较弱，自我控制能力还不强，因此在道德学习的过程中容易出现反复的情况，教师需要对幼儿的教育持之以恒，并且不断地强化。

3. 学前儿童德育的原则

(1) 正面教育原则

正面教育的核心是在尊重的前提下对幼儿提出要求，在肯定的前提下对幼儿的行为做出补充和调整，在维护幼儿自主性的前提下渗透道德要求。德育是导人向善的教育，教育的重点是关注如何让幼儿形成正确适宜的行为方式，因此教育的重心不仅仅是让幼儿知道什么是不能做的，更需要让幼儿了解什么是可以做的，这对养成幼儿恰当的行为方式很有帮助。正面教育体现在：第一，在日常的教育中直接告诉幼儿具体做什么，而不是只告诉他不要做什么。比如当幼儿在活动室的墙上乱画的时候，一个教师说："不要在墙上乱画，这样是不对的。"另一个教师则说："如果你想要画画的话，可以画在纸上，而不是墙上。"有经验的教师往往在告诉幼儿什么不能做的同时告诉他什么可以做。第二，为幼儿树立良好的榜样，榜样的示范作用可以引导幼儿习得良好的行为方式和习惯。第三，以鼓励表扬为主。教师对幼儿的优点和进步要及时给予肯定和表扬，帮助他们明辨是非、增强自信。

（2）实践性原则

德育需要组织幼儿按照正确的道德行为要求反复进行练习，促使幼儿掌握和巩固某种道德行为。行为主义心理学认为幼儿良好的行为是在不断试误与练习的过程中建立起来的，对良好行为进行经常的强化练习，是行为习得的基本途径。因此，在幼儿了解了社会道德行为规范，习得了社会行为技能后，更重要的是通过日常的不断强化、练习，使其行为规范化、习惯化。实践性原则就是要为幼儿多创设行为实践的机会，让幼儿在实际行动中产生良好的道德情感，习得道德行为。《幼儿园教育指导纲要（试行）》强调："幼儿与成人、同伴之间的共同生活、交往、探索、游戏等，是其社会学习的重要途径。应为幼儿提供人际间相互交往和共同活动的机会和条件，并加以指导。"在具体的操作中，教师可以通过幼儿自我服务、为他人和集体服务、和成人交往等活动引导幼儿产生亲社会行为。更重要的是，德育要有一定的延伸性，使幼儿不仅在幼儿园有践行的机会，在家庭中也有践行的机会。

（3）一致性原则

幼儿的道德发展是一个连续的过程，不仅具有时间上的延展性，同时也具有空间上的延展性。这就要求各种教育力量协同作用，产生教育的合力。幼儿的道德学习是一个长期的过程，其模仿学习的对象与环境应有相对的稳定性与一致性，这样才能有利于幼儿良好行为习惯的建构。如果幼儿面对的是一个不一致的教育环境，不同的人用不同的观念引导他们，用不同的行为标准要求他们，幼儿会感到无所适从，这对其形成稳定的道德品质将会产生消极的影响。因此，德育要尽力为幼儿提供稳定、和谐统一的环境。具体可以从以下几个方面着手：第一，教师言行一致，对幼儿的要求始终一贯。即教师呈现给幼儿的观点、行为与情感要保持内与外的统一，以及时间上的一致性。如要求幼儿不要说谎，教师自身也要遵守承诺。第二，协调幼儿园内部的教育力量。即幼儿园带班教师之间，教师与保育员、行政后勤人员等对幼儿的教育态度，要求保持一致。这样有助于幼儿获得明确的行为正确与否的标准。第三，协调统一幼儿园与家庭、社区之间的教育力量。《幼儿园教育指导纲要（试行）》指出："社会学习是一个漫长的积累过程，需要幼儿园、家庭和社会密切合作，协调一致，共同促进幼儿良好社会性品质的形成。"学前儿童德育不是单靠一方的力量就能完成的，必须充分利用并协调各方面的教育因素。尤其需要注意的是，如果各种教育因素的标准不一致，对幼儿的道德发展不仅不能起到正面的推动作用，而且可能产生负面作用。

4. 学前儿童德育的方式

学前儿童德育的方式有很多，一般教育的方法如谈话法、讨论法等都适用于德育。这里介绍几种在德育领域比较常用而且有效的方式。

（1）注意为幼儿树立良好的榜样

根据班杜拉的社会学习理论，幼儿社会行为的习得既通过直接学习的方式实现，也通过观察学习的方式实现，即通过对他人的行为及其强化性结果的观察而习得新行为。榜样示范对幼儿来说是比较有效的一种教育方式。榜样示范的是良好的道德行为，这些榜样既可以是幼儿的同伴，可以是道德高尚、受人尊敬的成人，也可以是文学作品和各种影视作品中的人物。根据班杜拉的观点，观察者的心理特征、榜样的活动特征和观察者与榜样的关系会影响幼儿的模仿行为，其中观察者与榜样之间的关系在某些方面对学习的效果影响更大。如果榜样经常与学习者在一起，或者二者相似，那么学习者就经常或容易学会榜样的行为。如子女较多地模仿自己的父母，学生较多地模仿自己的老师，犯罪分子则更容易模仿电视剧中的攻击行为。而榜样的活动特征。如行为的效果和价值，榜样人物具有的魅力也会影响到模仿的结果。

对于幼儿而言，一方面，教师要注意为幼儿树立良好的同伴榜样，引发幼儿的模仿行为；另一方面，教师要注意自身的榜样作用，因为教师在幼儿心目有着重要的地位，教师无意中就成为幼儿学习最重要的榜样。教师的一言一行、一举一动都对幼儿的道德行为产生潜移默化的影响。幼儿不仅模仿教师的行为，而且仿效教师的态度、价值观和情感反应，因为自己像教师而感到自豪。从这个角度讲，学前儿童德育是身教重于言教的活动，教师自身的道德品格是最好的教育资源。

（2）注意对幼儿进行移情训练

移情训练是指通过一些形式让幼儿去理解和分享别人的情绪体验，使幼儿在以后的生活中对他人的类似情绪能主动、习惯性地理解和分享。这种方法的目的是让幼儿能够对他人的情感和行为产生共情，即产生一种替代性的情感反应和体验。研究者一致认为它是产生道德情感和道德行为如帮助他人、安慰他人的动机基础，能激发、促进道德行为的发展。因此对幼儿进行移情训练是一种重要的德育方法。移情训练的方式多种多样，如讲故事、续编故事、情境演示、生活情境体验、主题游戏等。教师可以通过一些教育策略对幼儿进行移情训练：第一，让幼儿明确他的行为给他人带来了怎样的后果，包括别人对此行为的感受。第二，通过提醒幼儿回忆他们自己曾经有的相同经历，让他们去理解他人的感受。第三，把幼儿的注意力转移到他人的感觉上来，询问如果他处在别人的立场上会有什么样的感受。第四，明确地告诉幼儿（或是让他自己去发现）什么样的行为更能体谅他人。

（3）注意在其他活动中进行教育渗透

德育是一个长期的过程，除了教师有目的、有意识的教育活动外，针对德育特点，幼儿的日常生活、发生的随机事件和其他领域的教育活动也蕴含了很多教育机会，教师要注意进行这种渗透性的教育。在一日生活各个环节中培养幼儿良好的行为习惯；在偶发事件处理中帮助幼儿学会和他人相处；在其他领域的教学中实现内容上的渗透，如利用一些富有道德意蕴的文学作品拓展幼儿的道德认知，加深幼儿的道德情感体验。幼儿园的日常生活是平常而琐碎的，充分利用幼儿园日常生活中的德育因素对幼儿进行教育，是培养幼儿良好习惯的重要途径。幼儿园的一日生活及活动安排有其各自的特点，最主要的是结合每一个活动的特点，进行有效渗透。例如，早餐时，教师除了让幼儿品尝美味可口的饭菜外，还要有意识地引导幼儿了解厨房工作人员是怎样工作的。饭后，利用散步的时间，教师带幼儿去实地观察叔叔、阿姨们是怎样为他们精心准备午餐的，教育幼儿懂得珍惜他人的劳动成果，爱惜粮食，不挑食，不浪费饭菜。在日常生活中渗透德育，一般采用随机渗透的形式，这种渗透是无时不有、无所不在的。教师只要紧紧抓住这些渗透的时机，随时了解和掌握幼儿的行为习惯和外界的各种动态，不失时机地开展随机教育，就可促使幼儿逐步形成良好的生活习惯和行为习惯。

（4）注意利用游戏增强幼儿的道德体验，强化规范的习得

游戏是幼儿的主导活动，而活动和实践是幼儿道德形成的基础，游戏为幼儿提供了实践道德行为的机会。我国学者杨丽珠采用教育现场实验，探索趣味游戏对幼儿自我控制能力的影响，实验结果表明，趣味游戏能够促进幼儿自控能力的发展。[①]

在游戏中，教师可以通过角色扮演、移情训练、价值澄清、情感体验、榜样示范等方法。帮助幼儿在认识和体验的过程中，逐步领会公平、合群、协作、服务等社会的道德要求和期望，遵守行为规范，改正缺点和不良习惯。教师通过游戏帮助幼儿在道德认知和道德行为之间架起一座桥梁，知行合一，将道德认知付诸行动，转化为道德行为，形成稳定的行为习惯。幼儿对游戏的强烈需求和浓厚兴趣成为他们自觉地巩固正确的道德认识，以良好的行为来约束自己的内驱力，使一些良好的行为经过不断有意练习而成为道德习惯，形成个性品质。在游戏中学到的正确的行为标准和道德规范会迁移到实际生活中去，有利于幼儿在今后的现实生活中养成讲文明、讲礼貌、守纪律、团结互助等良好的道德行为习惯，并最终内化为良好的道德品质。

从一般意义上来说，德育就是教育者通过一定的方式和手段，对受教育者进行道德品质方面的引导和培养。简言之，是教个体如何"做人"的教育。相较家庭环境，幼儿园为幼儿提供了一个稳定的同伴交往环境，这为其道德发展提供了有利的背景性条件。道德品质的养成是一个复杂漫长的过程，非朝夕之功。教师需要明确学前儿童德育的内涵，同时要厘清学前儿童德育与社会性教育之间的关系。此外，教师需要理解幼儿道德发展的特点，

[①] 杨丽珠，邹晓燕. 提高幼儿品德教育的有效性［J］. 学前教育研究，2004（9）：5—8.

并以此为基础采取针对性的教育方式和策略，通过专门的课程、日常生活的渗透、偶发事件的处理等不同的方式对幼儿进行这方面的引导教育。

第四节　学前儿童的美育教育

美育又称审美教育。学前阶段是儿童接受审美教育的最佳时期，也是其人格塑造的奠基时期。因此，学前儿童美育的意义重大，它具有德育、智育、体育所无法替代的独特功能。

一、美育的内涵

美育即审美教育。美育在于培养年轻一代对自然环境、社会环境、日常生活和艺术作品中美的感受，培养他们爱美、审美的情趣、表现和创造美的能力。

美感是人们对美的事物的感知或体会。美感具有以下几个特征。

直觉性——以人的审美经验为基础，直觉地感受到美。

情感性——人在审美活动中充满了情感色彩，有爱、憎、好、恶的审美态度的参与。

社会功能性——美感中包含着对人类社会生活有意义和有用的内容。

主体性——客观审美对象经审美主体主观的生理、心理过程所反映出来的某些主体特点。

美存在于各种事物中，随着人类生活的日益丰富和发展，美的事物也更加丰富多彩，在不同领域中美的特征不同，可分为下述几种表现形态。

（一）自然事物和现象的美

自然美有直接形态的，如天空中日月、星辰和云彩的变化，大地上原野、河流、湖泊、山峰、海洋等自然景观的变化，也有经过劳动加工的形态，如人工种植的花草树木，喂养的小动物的美，等等。

自然美作为物质的属性，在人类出现以前，这些属性对于自然本身来说是没有美的意义的，因为自然不能自觉为美。人类社会出现以后，也并不是一切自然现象都是美的，而是随着人的社会实践的发展，自然美的领域才逐渐扩大的，如原始人类对具有无限威力和不可制服的自然现象并不感到美。随着社会实践的发展，人类在改造自然的过程中，自然事物和现象才越来越多地成为欣赏的对象，人们开始以动物或植物做装饰品等，至于山水成为审美的对象则是较晚的事情了。因此，自然美的产生和它的领域的逐渐扩大是和社会生活发展的进程密切联系在一起的。自然美的根源离不开自然和生活的客观联系，离不开人。

同一自然事物的同一自然属性，在不同的条件下可以成为美的或丑的，如老虎的性格，就其吃人的凶残来说是丑的，就熊猫来说，可比作生活中的壮美，又是美的。这正表明了自然事物与生活的多种联系，因此对自然美的欣赏不能脱离它与生活的客观联系。

自然属性虽然不是自然美的根源，但自然属性，如色彩、形状、质感等感性特征是直接激发人们美感的，是自然美形成的必要条件。因此自然美重在形式美，以自然的感性形态供人品味、欣赏。

（二）社会生活中事物和现象的美

社会美的直接根源是社会实践，而社会实践是以人的活动为核心构成丰富的人类社会生活，因此，人物形象的美便成为社会美的主要表现。

人是自然的实体，又是社会的实体，因为人的内在品质、性格、情感和才能都是在社会实践中形成，并在社会实践中表现出来。人的内在的美好品质又是通过一定的外在形式表现的，也就是主要通过人物的表情、动作、语言自然地表露。人的长相美也是人的形体美的一种表现。人的内在品质美对人物形象美有重要作用，因此社会美侧重于人物形象的内在精神品质的特点。当人既有内在的美好精神品质，又有外在的形体美时，便构成人们想象中的完美。但在现实生活中，人的形体美与内在心灵美往往并不一致，甚至是矛盾的。有的人内在品质好，但形体上有缺陷；有的人形体很美，内心却阴险恶毒。但是，人的美好精神品质和才干决定了人的真正审美价值。

（三）日常生活中的美

日常生活中的美主要指人们日常生活中经常接触的事物美，包括家庭环境、工作和学习环境、家具、日常用品、人的服饰等事物的美。概括地说，就是指环境美和人体装饰的美，基本上是形式美。日常生活的美对人有着经常的影响。它不仅可唤起人的美感，令人身心愉快，而且能培养人的高尚审美趣味。

(四) 在艺术作品中表现的美

艺术作品的美是通过艺术家创造性劳动，用不同的形式将现实中事物的美表现出来，是现实美的主观反映的产物。艺术的种类很多，如建筑设计、实用工艺、绘画、雕塑、音乐、舞蹈、语言艺术、戏剧和电影等，各种艺术有其审美特点和不同的表现形态。现实生活是艺术创作的源泉，艺术作品表现的美，既反映生活又高于生活。艺术美是现实美所不能替代的，艺术创造是艺术的生命。艺术美在美育中有重要作用，借助艺术进行艺术教育是美育的主要形式。

二、学前儿童美育的意义

(一) 美育具有独立的功能

美育具有德育、智育所不能取代的独立功能，对于培养人的敏锐感受力，丰富的个性，广泛的知识、高尚的审美趣味和道德情操，以及创造力都具有特殊的功能。美育的范围很广，凡是能提高个人修养、情操和品味的活动或事物都具有美育功能。它不完全脱离道德境界，但比之更高一层；它也不完全脱离功利，但又超越功利。在这个意义上，美育促使人不断地追求和完善自己。狭义的美育，主要指艺术教育。学校教育中的美育是从广义上来讲的。

(二) 美育是德育、智育、体育的催化剂

美育的特点是通过美的事物的具体、鲜明的形象来感染人，调动人们的心理功能，激发人们的情感，以美感人，以情动人，使人在潜移默化中受到陶冶。美育在学前期更为重要。学前儿童的思维特点是直觉行动性和具体形象性，抽象思维在开始发展，情感占优势。认识过程常有很大的情绪性，一些鲜明生动的形象和艺术手段，如现实生活中的美好事物，音乐舞蹈、造型艺术和艺术语言，等等，符合儿童认识的特点，能吸引儿童的注意和兴趣，容易为儿童接受和理解，使教育能收到更好的效果。通过唱歌、跳舞、绘画、手工、复述故事、念诗歌等美育活动，培养儿童对美的兴趣和爱好，培养美感和初步的审美能力，使他们学习简单的艺术活动技能，发展艺术创造力。一个人在早期得到的美的印象会留下深刻的痕迹，早期的艺术教育可以为儿童以后艺术才能的发展打下好的基础。通过美育，还能更好地扩大和加深儿童对周围事物的认识，积极影响他们的思想感情，培养良好的品质和情操，有利于活泼愉快性格的形成。

在学前期，美育不仅是全面发展教育的组成部分，而且是全面发展教育的基础。美育是德育、智育、体育的催化剂，对其他各育有着促进作用。

儿童美感与道德感常常在同一过程中实现。儿童在感受美的同时，也体验着相应的道德感。大自然、文学艺术作品和现实生活的美形于表，寓情于内，具有引人入胜、动人情感的陶冶作用。在艺术活动中，儿童的情感和行为品质既受到培养，也得以充分表露。美的事物陶冶儿童的情操，培养儿童积极向上的精神和活泼、开朗的性格。

美育可以开阔视野，增长知识，促进儿童的智力发展。周围生活中美的事物和形象，以其美的声、光、形、色等特征激起儿童的兴趣，促使感知觉的积极活动和发展，提高各种感知觉的分化能力，如音乐通过音响、旋律和节奏，锻炼儿童听觉感受性。儿童正处于形象思维发展的阶段，美的形象，尤其是艺术作品中美的形象，具有概括性、典型性，促使儿童形象思维活动，并引起儿童的联想，产生丰富的想象活动。儿童在艺术活动中，实现着内在的认知建构活动和外在的表现活动的统一，如儿童自编表演动作，有表情地讲述故事，进行绘画、制作玩具等，不仅是发展儿童思维和想象的有益活动，也可发展儿童操作能力和各种技能。

现代对人脑的研究认为：人的大脑左右两半球分别掌管言语逻辑思维和非言语的空间感知觉和形象思维。大脑左右两半球的认识方式是不同的，但都有重要的机能。两半球必须协同活动，才能促进心理更好地发展。传统的教育偏重于发展左半球，而忽视发展右半球，这是不足的。因此，不仅要重视通过语言和逻辑的方式认识世界，还要重视通过艺术活动，以形象化方式认识世界，如通过美术、律动、舞蹈、唱歌、表演，以及对文艺作品的欣赏等活动，以促进大脑左右两半球协同活动，进一步拓展儿童的心理潜力。

美育丰富着儿童的生活，引起积极愉快的情绪，使儿童精神饱满，心情舒畅，以调节疲劳，促进健康。美育要求身体各部位根据各种不同的需要参与活动，促进儿童动作的发展，其中对手的精细动作的练习尤为突出。

总之，美育以其更容易为儿童所接受，激发其情感、陶冶其精神的特殊性，在儿童的全面发展教育中，显示着重要的、不可替代的作用。

三、学前儿童美感发展的特点

儿童美感的发展与意识的发展相伴随。婴儿出生后，神经系统先于其他系统走向成熟，感知觉、思维、想象、情感等心理过程的发展，为美感的发生与发展提供了生理和心理基础。儿童美感发展的历程，最初是对美的现象无意识的反映（不是美感），逐渐能够模仿周围的人表现美感，再发展到有意识的感受美、表现美。学前儿童美感的表现有以下特点。

（一）学前儿童美感与积极的情绪体验相伴随

儿童在积极情绪下产生美感，在消极情绪下，对美的事物反应差，甚至产生反感。例如，儿童最喜欢自己的妈妈，认为妈妈是好看的、美好的。儿童身体健康，有安全感，个体需要得到满足时，情绪常常是良好的、积极愉快的，这时才能对周围事物产生美的感受。

（二）学前儿童美感较为肤浅表面

儿童喜欢鲜明、艳丽的颜色，不甚注重色彩的协调。有研究认为3岁儿童最先认识的颜色是红、黑、绿三色，在涂色时也喜欢选用这三种颜色。儿童喜欢听明快、变化明显的音乐曲调，喜欢听故事中描述动态的情节。儿童对表面的、简单的形式美容易感受，对美的表现形式的选择与比较，则在学前晚期开始发展。

（三）学前儿童以动作、表情、活动表达美感

儿童对美的东西感受时总喜欢看一看，摸一摸，听一听，闻一闻，甚至

以动作表达情感,通过多种感官的活动来探索得到美感。例如,看到可爱的布娃娃,会去亲亲它;听一首快活的乐曲,会随着乐曲的节奏动起来。也就是说,学前儿童不能静静地欣赏美,而总要和一定的动作或活动相伴随。这表明儿童的美感表现具有行动性的特点。

四、学前儿童美育的目标

学前儿童美育是审美的启蒙教育,包括培养儿童美的感知、欣赏能力与表现美的能力,其中感受美和欣赏美的能力是基础,是优先发展的能力,在此基础上才能发展表现美的能力。在实践当中,许多幼儿园与社会教育机构开展特色教育,开设各种特长班如钢琴班、绘画班、舞蹈班等,着重于艺术技能训练。这些技能训练虽然主要在感知和动作方面,目前尚不能确定会对孩子的发展造成了多少损害,但是可以说是偏离了以下美育的基本目标。

(一)培养儿童对美的兴趣和初步的感受美的能力

幼儿园应根据儿童美感发展的特点,引导儿童注意和欣赏日常生活、社会生活和大自然中的美,在各种活动中积极反映对美的感受和体验。

(二)培养儿童表现美的情趣和创造能力

儿童表现美的创造能力是在大胆表现的过程中逐渐发展起来的。教师的作用应主要在于激发儿童感受美、表现美的兴趣,丰富他们的审美经验,使之体验自由表达和创造的快乐。在此基础上,根据儿童的发展状况和需要,对表现方式和技能技巧给予适当的指导。

五、学前儿童美育的实施要领

(一)美化生活环境,引导儿童欣赏体验环境的美

环境是儿童生活和受教育的场所。为儿童创设美的环境,可以对其熏陶和感染,引起儿童对美的情感反应,促进其美感的发展。

环境美包括室内环境与室外环境的布置,清洁整齐是美的标志之一,还需要有色彩和形式的特点。幼儿园环境应做到整洁化、绿化、艺术化和儿童化,成为花园和儿童乐园。环境设备及用品力求实用、美观、整洁、有序。

如家具造型有新意，室内装饰要丰富、多色彩、多变化。教师要善于引导儿童去欣赏优美的环境，启发儿童热爱美的生活环境。同时，要积极引导儿童参与到环境布置中来，让儿童成为环境的主人。

（二）大自然是美育的丰富资源，引导儿童感受自然界中形形色色的美

自然界丰富多彩，有千姿百态的山川河流，物种繁多的花草树木、鸟兽鱼虫，变幻多端的气象风景，以及森林、田野、湖光山色等，它们以自然美的形态给人们以美的享受。儿童对大自然有着天然的亲近，他们为自然景物的丰富的色彩、形态、声响所吸引。随着儿童理解力的提高，视野的扩大，教师应逐步拓展儿童领略自然美的深度与广度，从而提高他们的美感和审美能力。

对于生活在现代社会中的儿童来说，由于城市化、工业化的急剧扩张，儿童身边的自然景观和自然物正在逐渐减少，而取而代之的是车水马龙、高楼大厦和被污染的空气。儿童被剥夺了与大自然的接触，更谈不上欣赏自然的美。为此教师应在条件许可的情况下，配合季节的变化组织开展一些郊游活动，让儿童回归到自然的怀抱，让他们充分领略大自然的美。教师也应有意识地利用幼儿园内的环境资源，在活动室中养殖自然物，和儿童一起种植、观察和欣赏园内的自然风光。

（三）选择社会现实生活中美的事物和人物感染儿童

社会生活是以人的活动为中心而组成的。现实生活中，到处充满了美好的事物，要善于选择其中能为儿童理解的事物，引导儿童认识、观赏。城市中美丽的建筑、宏伟的立交桥、绚丽多彩的夜景等，都是发展儿童认识，培养美感和审美观点的丰富内容。

（四）充分利用多姿多彩的艺术作品和组织儿童参与艺术活动，提升儿童美的感受力和美的表现力、创造力

音乐是以声音塑造形象的听觉艺术。随着年龄的增长，儿童可以接受多样的音乐形式和内容，如唱歌、随音乐律动、欣赏音乐、做音乐游戏和乐器演奏等。儿童在各种音乐活动中充分感受音乐的美，增长了知识，陶冶了个性，丰富了感情，发展了音乐美的表现力。

美术是以线条和色彩塑造形象的视觉艺术，具有直观性、可视性，对儿童有强烈的吸引力。儿童的美术活动有画画、手工等。美术活动中儿童的想象力和创造性得到极大的发挥和展现。教师应该鼓励和支持儿童的想象和创造性，不应用统一的标准来要求和评价儿童的美术活动。

文学以形象、生动、精练的语言塑造人物形象或情景，对儿童有着极大的感染力。儿童接受文学作品影响，主要是通过故事、童话、诗歌的听、讲述、阅读和表演等方式完成的。儿童体验着作品中的艺术形象，丰富了想象力，学习了艺术语言，发展了审美能力和美的创造力。

艺术活动是对学前儿童进行美育的重要手段。在音乐、美术和文学活动中应该尊重儿童的主动性，激发儿童的想象力和创造性，发挥各自在美育活动中的特定作用。在艺术活动的开展过程中，应该尊重儿童的情感体验和对艺术的兴趣，肯定和接纳儿童独特的审美感受和表现方式，发展想象力和创造力，同时要教会儿童一些简单的艺术技能。值得注意的是，要处理好艺术技能和美育之间的关系。单纯的技能练习和亦步亦趋的模仿不利于儿童审美情趣和审美能力的发展，不符合学前儿童美育的目标，但是，一些简单艺术技能的练习与掌握能够帮助和促进儿童审美情趣和审美能力的发展，是儿童美育实施的一个组成部分。

（五）适应儿童艺术活动的不同兴趣，给予区别对待

儿童在美感、审美能力和艺术表现能力上有着个别差异，如有的儿童音乐听觉好、节奏感强，有的儿童对绘画的形象和色彩知觉好，有的儿童想象力十分丰富。教师应该细心观察和了解本班儿童的特点，注意引导个别儿童的艺术才能，为他们创造进一步发展的条件，同时也要对艺术能力差的儿童多给予帮助，以利于他们今后的发展。

教师应该根据本班儿童的个别差异，提供丰富的艺术活动内容，在活动区的创设上也要做到多样化，如创设表演区、音乐区、图书区、美工区等，注意材料的投放和更换，使儿童能够自由选择自己感兴趣的艺术活动，在活动中发展审美情趣和表现美的能力。

(六) 在节日活动、娱乐活动、游戏和日常生活中引导儿童感受美和表现美

在游戏中，儿童可以无拘束地反映对现实生活的印象，在游戏的构思中进行美的创造，如儿童在搭积木的过程中，发现左右对称，颜色搭配所产生的美。儿童在游戏材料的分类、构造、粘贴和剪切中，自己设计、表达、创造，极大地促进了儿童对美的感受和探究。

节日娱乐活动内容和形式是丰富多彩的，如节日活动有游艺会、运动会、联欢会等；娱乐活动有木偶戏、幻灯、电影、艺术表演等。节日娱乐活动给儿童带来欢乐，留下深刻的印象。节日娱乐活动大都是综合性艺术活动，还配合有环境的布置和节日装饰，儿童可以多方面感受美并亲手来创造美。

在日常生活中也要引导儿童感受美，如在儿童参加的值日生工作中，让儿童通过亲身劳动，感受整洁的环境美；在儿童照顾植物，给植物浇水、松土的过程中观察植物生长、开花的美等。

第五章 学前儿童游戏

第一节 学前儿童游戏概述

一、游戏的起源

追根溯源，人类游戏的历史源远流长。远在古希腊的荷马时代（公元前11世纪至公元前9世纪），斯巴达人就有了滚圈、木马、秋千等玩具。1926年在山西省夏县西阴村灰土岭出土的5000多年前仰韶文化遗址的文物中，曾发现一个陶制的陀螺，与现代人所玩的陀螺形状基本相同。从考古发掘出的器物和史料的记载可以发现：游戏是一种古老而且普遍的人类活动，可以说自从有了人类也就有了游戏。那么，人类为什么会游戏？人类最初的游戏又是怎样的呢？这些问题曾引起了历史学家、人类学家、民俗学家、生物学家们的广泛关注，关于游戏的起源，有多种假说。

（一）游戏起源于原始的宗教祭祀和巫术活动

很多研究都发现，被现代人当作游戏的活动在远古时代却是与具有宗教意味的巫术和祭祀有关，如远古时代人们戴着面具进行的某种仪式从形式上来看接近于现代的表演游戏，但实际上却是先民祭祀祖先、祈祷神灵保佑、敬神、娱神的一种形式。早期的摔跤比赛、赛马、斗牛等活动可以看作是现代竞技游戏的源头，其最初却是部落进行庆典或部落求生存的巫术或祭奠仪式。

许多民间的节庆游戏往往都来自原始的神秘的巫术和祭奠仪式，如中国传统的元宵节点花灯、端午节赛龙舟等习俗都起源于驱魔敬神的祭奠仪式，后来逐渐演变成为一种娱乐性的游戏活动。

（二）游戏起源于文化传递

荷兰艺术家彼得·勃鲁盖尔1560年在一幅油画中描绘了84种儿童游戏与作弄人的方法。后人研究发现，经过几个世纪之后，这些游戏至今并没有什么改变。跳房子与童谣几乎完整不变的从上一代传给下一代；婴儿玩着嘎嘎作响的玩具也是有史以来就有的游戏。游戏是将过去的仪式、习惯与禁忌，进行传递产生的行为，目的是为将来的行为打下基础。

例如：不同时代、不同国家的儿童都喜欢玩"娃娃家"的游戏，其主要的过程就是儿童扮演生活中的各种角色，并且将他们在生活中对各种生活现象的观察表演出来。一般女孩扮妈妈，男孩扮爸爸，通过游戏，儿童习得了社会文化对男女性别角色的要求。游戏正是源于传递社会文化的需要。

（三）游戏起源于劳动

游戏源于劳动，劳动先于游戏。德国心理学家冯特认为，游戏是劳动的产儿，没有一种形式的游戏不是以某种严肃的工作为原型的，劳动在时间上是先于游戏的。因为生活的需要迫使人去劳动，而人在劳动中逐渐把自己的力量的实际使用看作一种快乐。游戏就是想将这种快乐再度体验的冲动引起的。游戏消除了劳动的物质目的，而把伴随着劳动的愉快本身变成了目的。据考证，很多民间游戏都是从劳动中脱胎而来的。如荡秋千、打弹子、打弹弓等。

（四）游戏起源于动物本能

在关注人类游戏的过程中，人们发现不仅人类会游戏，高等动物也会游戏。常见的小猫戏球、小狗相互戏咬、小猴群起哄闹都属于没有目的的游戏行为。动物学家们公认，喜欢游戏玩耍，是哺乳动物的普遍现象，而且游戏更多地表现在幼小的动物中。这是什么原因呢？生物学家们是这样解释的：小动物之所以游戏，是因为游戏在生存斗争中是有用的。游戏是对与生俱来，但不成熟和不完善的本能行为的练习，它能够帮助小动物适应未来的生活。动物生来不成熟的本能，在实际需要它们之前，必须通过游戏加以练习。在游戏中通过模仿，使成年生活所必须具备的、以本能为基础的能力得到锻炼，使之趋于成熟与完善。因此，游戏是在生物进化过程中出现的现象，它具有重要的生物适应功能。动物进化的程度越高，就越是依赖于学习而不是本能行为来生存和适应环境。游戏的数量与复杂性随动物演化阶梯的上升而增加。

有关游戏起源还有很多种假说，这些假说有的已经得到了证实，有的还有待进一步的证实。关于游戏起源的研究还远没有结束，它正有望成为一个多学科、多领域共同涉足的研究领域。

二、游戏的界定

很多研究者都发现，由于游戏涉及的现象错综复杂，因此要给游戏下定义是很困难的。首先，要区分游戏行为与非游戏行为就很困难。一个人在前面跑，一个人在后面追，他们是在游戏吗？如果这两个人都在享受跑的快乐、追逐的快乐，那可以判定他们是在游戏。但如果这两个人的身份分别是小偷和警察，警察在抓小偷，那就可以判断他们不是在游戏。因此，游戏行为与非游戏行为看上去并没有明显的区别。有时候一种行为在某种背景中出现被看成是游戏，而同一种行为在另一个时候，另一个环境中出现的时候，我们就不认为它是游戏了。其次，游戏行为与工作之间也没有绝对的界限，有时候有趣的工作也会让人觉得好像在游戏，而有些游戏也可能伴随着专心致志的紧张，看上去好像是在工作。所以，有人认为，任何事情都能够用游戏的方式来完成；任何游戏对于儿童来说又都是工作。另外，在旁观者看来属于游戏性质的活动，当事者却不认为是在游戏。反之，在旁观者看来不属于游戏性质的活动，当事者却认为是在游戏。所以，要给游戏下一个无懈可击、简单划一的定义是不现实的。但是，游戏活动毕竟有着和人类其他活动不同的特质，通过对游戏特征的把握来界定游戏既是必要的，也是可能的。

（一）游戏活动的特征

1. 从功能上来说，游戏没有明确的结果和外在的目

英国学者费根认为，如果行为存在外在目标，那么这种行为就不是游

戏。游戏被界定为：不能直接获益、没有明显目的的行为。这是游戏与工作最大的不同之处。游戏不必承担一定的社会目的，也不指向生产和实现一定的目标。对游戏者来说，游戏是没有目的的，或者说游戏的目的就是游戏本身。游戏是一种重过程，轻结果的活动。观察动物的游戏和儿童的游戏都证明了这一点，猴子相互之间的追逐打闹，儿童一遍遍的将积木搭起再推倒都符合了游戏的功能特征。

2. 从过程来看，游戏是一种动态行为

游戏要求游戏者主动地参与活动。这就使游戏与幻想、懒散和无目的的闲荡等区别开来了。从过程来看，游戏行为通常是重复的、不完整的、夸张的或者是重组的，如孩子从一个斜坡上跑下来，这种行为并不一定表示游戏。但是，如果孩子连续几次跑上跑下（重复的）或者中途就停下来（不完整的），步伐异常大或小、跳跃着前进（夸张的），或者缓慢爬上去再迅速跑下来（重组的），那么，这时候我们就可以说孩子在玩游戏。

3. 从游戏者对游戏活动的评价来看，游戏活动是有机体放松愉悦的活动

游戏活动会给游戏者带来愉悦的感受。儿童之间的相互打斗，如果是"闹着玩的"，那么，这种活动就变成了一种游戏。因此打斗游戏和真正打斗之间的区别是一目了然的。

游戏通常被认为是快乐的、放松的、自由的。游戏会给游戏者的身心带来愉悦的感受。游戏活动服从愉悦的法则，被无目的的快感所支配。游戏者对游戏活动的评价绝大部分趋于"快活""有趣""放松"等能给有机体带来正面体验的词汇，没有愉悦也就不成为游戏。

4. 从游戏活动结构来看，游戏活动是松散的、没有固定形式的一种活动

游戏者加入游戏和退出游戏都是随意、松散的，游戏的延续时间也没有固定的模式。但是，游戏不同于打发时间。游戏者在游戏的过程中往往是全神贯注、对时间毫无察觉的。一群孩子在户外游戏，其中一个被家长叫回去了，并不影响其他孩子继续游戏，而这群孩子游戏时常常会忘记时间，以至需要家长找寻回家。关于游戏的特征，法国学者克罗伊斯提出游戏活动的六种因素，较简洁的说明了游戏的特点。一是自由：游戏者不是被迫进行的，

否则游戏就失去有吸引力和快乐的性质。二是松散：游戏不是精确的，没有事先预定的限制。三是易变：没有预定的进程或结果，游戏者具有随机应变的自由。四是非生产性：从游戏开始到结束时，不增加任何生产的物质或任何新因素，除去物品在游戏者之间的转移和变化。五是由某种规则和玩法所支配：玩法或规则代替了通常的法则，而具有独特的新的意义。六是虚构的：游戏者清楚地知道他在经历着非真实的情况，甚至是与日常生活截然不同的虚构情况。

有关游戏的特征，不同的研究者的描述不尽相同，现在绝大多数研究者都赞成一项行为不必符合游戏的所有特征才能判定是游戏。另外，对于游戏的特征也应辩证地看待，如早期的游戏是一种完全无目的的自发行为，但这不等于说所有的游戏自始至终都不能掺杂一点主观的目的性；又如，游戏是能给人身心愉悦的活动，但这也不排除游戏有时也伴随着坐过山车般的刺激和紧张。但是游戏的基本特征仍然有助于人们区分出游戏和非游戏。

（二）游戏活动与工作、劳动的区别

游戏活动的特征回应了"什么样的活动属于游戏"这一问题。那么游戏与工作、劳动的区别何在呢？对这个问题的探讨同样有助于人们加深对游戏特点的认识。美国学者纽曼提出区分游戏和工作、劳动的标准有三条：一是控制的程度，可以用对游戏的控制是内部还是外部来区分。当游戏者自己选择做什么游戏及怎样做，属于内部控制的是游戏。如果游戏由其他人控制，属于外部控制的则是工作。二是真实性，从活动内容是真实的或是假扮的来区分。当游戏者撇开现实生活中的真实情况，而按"假的"（内部真实）来装扮，就是游戏，如在"食堂"游戏中为"顾客"打饭。但如果活动就是现实生活中的真实的事件，就不是游戏了，如值日生为同伴摆碗筷。三是动机，从活动的动机是内部的还是外部的来区分。当人们从事的活动只是为了活动过程的本身，而不是外部的要求，这种活动动机属于内部动机，就是游戏。当活动动机属外部动机时，就不是游戏了。他认为，游戏必须具有以上三种因素，即内部控制，内部真实与内部动机。当这三种因素都是外部，在游戏者之外，这种活动就不是游戏。

第二节 学前儿童游戏的主要理论

一、经典游戏理论

早期的游戏理论是指十八九世纪出现的游戏理论,也被称为"经典游戏理论",如"剩余精力说""松弛说""种族复演说""生活预备说"等。由于受达尔文生物进化论的影响,经典游戏理论带有浓厚的生物学色彩,主要探讨游戏与精力、本能等的关系。

(一)"剩余精力说"和"松弛说"

这两种理论都从游戏与精力的关系的角度解释游戏。不过,"剩余精力说"认为游戏是因机体内剩余精力的发泄而产生的,"松弛说"则认为游戏是帮助个体恢复精力的一种方式。

"剩余精力说"的主要代表人物是德国思想家席勒和英国社会学家、心理学家斯宾塞。该理论认为,活动是存在于动物中的一种普遍现象。低等动物主要把精力和时间用于维持生存活动,没有余力进行游戏;而高等动物则可以把维持生存活动之余的时间和精力用于从事游戏活动。可见,游戏与否及其多少,全靠时间、精力是否富余以及富余多少。时间、精力富余越多,游戏越多;反之则少。这种观点颇能解释为什么儿童游戏多些,而成人在工作、学习生活之余游戏相对较少,但却无法解释为什么儿童在玩得筋疲力尽时还想继续游戏。在这方面,"松弛说"适逢其用。

"松弛说"的代表人物是德国哲学家、心理学家拉扎鲁斯。"松弛说"认为,游戏不是为了发泄剩余精力,而是为了帮助个体恢复精力。人的身心疲劳需通过休息才能消除,游戏能使人解除紧张状态,更好地休息和睡眠,从而达到恢复精力的目的。这种观点对我们日常紧张工作之余乐于通过游戏来放松身心的现象颇具解释力。

(二)"种族复演说"和"生活预备说"

"种族复演说"和"生活预备说"都包含为儿童未来生活做准备的意图,

并从游戏与本能的关系的角度解释游戏。"种族复演说"认为儿童通过游戏逐步摆脱原始的、不必要的本能动作,从而更好地适应未来生活;"'生活预备说"则认为游戏能够帮助儿童完善本能,从而更好地适应未来生活。

"种族复演说"的代表人物是美国著名心理学家霍尔。霍尔认为,人类个体发展的不同阶段乃是对种族发展阶段的一次简约重复,儿童期各种形式的游戏就是对从人类祖先到现代人进化的各个阶段活动的"再现"。比如,儿童爬树是在重复类人猿的活动,玩打猎、搭房子则是重复原始人的活动。这种复演能够帮助儿童按照原始本能出现的顺序逐步摆脱这些本能引起的行为倾向,为更高级、更复杂的人类文明行为的发展扫除障碍。

"生活预备说"的代表人物是德国学者格鲁斯。与霍尔把人的原始本能作为需要予以摆脱的对象不同,格鲁斯认为人与生俱来的本能行为确实不完善、不成熟,但游戏恰恰可以帮助个人对这些不完善、不成熟的本能行为加以练习,使其逐步完善、成熟,以适应未来生活的需要。在格鲁斯看来,游戏与模仿紧密相连。儿童通过模仿成年人的生活,以一种安全的、不必承担后果的方式来练习未来生活所必需的基础能力,如女孩喂布娃娃是练习养育、男孩玩打仗是练习作战等。通过这种练习使一些必要的基础能力趋于完善,以便日后生活中使用。

经典游戏理论作为人们试图解释游戏现象的发端,提供了历史上对儿童游戏的最初看法。尽管各种经典游戏理论在解释游戏现象时颇多局限,但依然奠定了日后当代游戏理论发展的基础,启发了后来者对游戏的认识和研究。

二、当代游戏理论

当代游戏理论主要包括精神分析学派的游戏理论、认知发展学派的游戏理论、社会文化历史学派的游戏理论以及游戏的唤醒调节理论和元交际理论等,这里重点介绍前三种理论。

(一)精神分析学派的游戏理论

精神分析学派的游戏理论主要从人格发展的角度解释游戏,代表人物有弗洛伊德、埃里克森等。

1. 精神分析学派的游戏本质观

精神分析学派认为，人类的现实生存不得不面对与生俱来的原始冲动和欲望（如饥饿）与社会道德规范约束之间的张力。原始冲动和欲望遵循"唯乐原则"，盲目追求满足；而社会道德规范则使人不得不在一定程度上控制自己的欲望。由此形成的矛盾与紧张，必须得到缓解，也就是说，必须为受到压抑的原始冲动和欲望找到合适的，也就是不违背社会道德规范的出路，才能避免过度压抑造成精神危机或人格发展障碍。游戏既能表现受压抑的原始冲动和欲望，又不至于与社会道德规范相冲突。

在弗洛伊德的人格结构中，"本我"代表原始冲动和欲望，"超我"代表社会道德规范，而"自我"则是调节和平"本我"和"超我"之间冲突、矛盾的机制。在弗洛伊德看来，"自我"某种程度上是在游戏中获得的。游戏作为一种具有虚构性和想象性的活动，可以使超出儿童能力或被社会规则所压抑的愿望得到满足，释放因内驱力受压制而产生的冲突和紧张。譬如，儿童常常希望自己快快变成大人，拥有大人的力量和权力。这在现实中显然是无法实现的，但却可以在"娃娃家"等角色扮演游戏中得到实现。还有一种方式是弗洛伊德所谓的"强迫重复"现象，即对某些给儿童带来不愉快体验的事件，儿童通过在游戏中重复事件，改变其中的角色，把不愉快的体验转嫁到他人身上或物体上，从而使自己的心理得到补偿。如儿童自己怕打针，却在游戏中愿意给别的伙伴或娃娃打针。埃里克森也认为人格要想获得理想的发展，就必须协调来自内部的心理性欲的要求和来自外部的社会要求。在这个过程中，游戏可以帮助"自我"对生物因素和社会因素进行协调和整合。

2. 精神分析学派的游戏发展阶段论

埃里克森从终身发展的角度把人格的发展划分为八个阶段，每个阶段都面对两种相互矛盾的发展方向所带来的发展任务。如果发展任务解决得好，就形成理想人格；解决得不好，则形成理想人格的反面。游戏是帮助儿童从一个发展阶段走向另一个发展阶段，促进理想人格形成的重要力量。

有学者把埃里克森的人格发展阶段和弗洛伊德的人格发展阶段进行了对比，并提出了不同发展阶段中的游戏形式。

在0～1.5岁阶段，儿童从生理需要的满足中体验身体的舒适和安全，从而产生对周围环境的信任感；反之，也可能形成不信任感。基本的信任感和不信任感作为儿童对社会形成的最初态度影响深远，良好的母子关系则是产生信任感的基础。因此，亲子游戏在这一阶段至为重要。

1.5～3岁阶段相当于弗洛伊德发展阶段的"肛门期"。在这一阶段，儿童必须掌握对排泄器官肌肉的控制能力，借此获得自主感，否则将形成相反的羞怯、怀疑态度。此时游戏开始在儿童生活中占据主要地位，而练习性游戏有助于儿童获得自主感，克服羞怯、疑虑。

在3～6岁阶段，儿童面临的危机是所谓"俄狄浦斯情结"，即想在心理上占有父母当中异性的一方。因此，这一阶段面临发展主动性和角色社会化的双重任务，儿童通过角色扮演游戏完成这一任务。在发展主动性的同时，形成与自身性别相对应的社会角色，否则将因察觉自己的"恋父恋母情结"触犯社会禁忌而产生内疚感。[①]

精神分析学派强调游戏对儿童人格发展、心理健康的价值，对人们在儿童早期重视象征性游戏、想象性游戏具有促进作用，对游戏治疗的研究和发展也具有推动作用。但其过于强调原始本能或冲动在人格发展中的决定作用，则有重个体生物性而轻社会性之嫌。

（二）认知发展学派的游戏理论

顾名思义，认知发展学派主要从认知发展的角度解释游戏的本质及其发生发展，代表人物为瑞士著名发展心理学家皮亚杰。

1. 认知发展学派的游戏本质观

皮亚杰认为，游戏不是一种独立的机能或活动，而只是认知或思维发展的表现形式。皮亚杰借用生物学中的"同化"和"顺应"概念来解释人的认知发展。

[①] 邱学青. 学前儿童游戏[M]. 4版. 南京：江苏教育出版社，2008：52.

所谓同化，就是儿童对新感觉到的环境信息加以组织，使之更适合自己原有的认知结构；所谓顺应，则是儿童对已有认知结构进行修改或重新建构，以使新信息得到更全面的理解。皮亚杰认为，儿童的认知发展是同化和顺应相互穿插、相互作用的结果。当同化和顺应之间的相互作用处于不同状态时，其认知发展也处于不同态势，相应地表现出不同的活动形式。同化和顺应大致有三种相互作用状态：一是同化和顺应平衡；二是同化大于顺应；三是顺应大于同化。第一种的结果是适应环境。后两种状态均为不平衡态，由于儿童早期认知发展不成熟，同化与顺应之间常常处于这种不平衡态。当顺应大于同化时，儿童根据环境的特点和变化改变已有的认知结构，此时的活动形式具有模仿的特征；而当同化大于顺应时，儿童则用已有的认知结构去操作外部事物，此时的活动形式具有游戏的特征。因此，在皮亚杰看来，游戏的实质是儿童认知发展中"同化"超过"顺应"时的活动表现。

2. 认知发展学派的游戏发展价值论

出于对儿童本质的上述认识，皮亚杰指出，儿童通过游戏实现了"一种纯粹的由现实到'我'的同化"，也就是从客体环境到个体认知的转化。这其中包含着双重意义：在心理学意义上，具象的物品被吸收到抽象的心理活动本身中；在生物学意义上，发生了机能上的同化——这解释了为何练习的游戏会带来器官和行为的发展。[1] 在游戏中，儿童会不断地利用自己已有的动作图式或认知结构去合并或整合外部事物，从而加强和丰富自己的动作图式或认知结构。例如，在游戏"过家家"中，儿童象征性地再现了其经历过的但尚未同化的被喂养和养育的现实经验，并通过游戏重温这些经历，同时依据个性化的游戏需要及兴趣对它们进行转化。从这个角度来看，游戏，特别是象征性游戏对儿童的情感发展也具有重要意义。儿童由于能力所限，经常无法适应现实世界而使相应的情感得不到满足，而通过游戏中"虚构"的情景儿童实现了对"现实"的支配，这使得他们对现实世界的情感体验被同

---

[1] 皮亚杰. 教育科学与儿童心理学 [M]. 杜一雄，钱心婷，译. 北京：教育科学出版社，2018：169.

化进原有的期望中。皮亚杰认为，儿童不得不经常地使自己适应一个不断地从外部影响他的、由年长者的兴趣和习惯所组成的社会世界，同时又不得不经常地使自己适应一个对他来说理解得很肤浅的物质世界。儿童不能如同成人那样有效地平衡自己在情感上甚至是智慧上的需要。然而，游戏却可以提供一个"虚构"的空间，在其间"既没有强制也没有处分"，儿童可以自由地"把真实的东西转变成他自己想要的东西"，从而使自己达到情感上的平衡。例如，儿童操控洋娃娃，使其按照自己的设想重演其经历过的生活，也是借助一种"虚构"的情景来"补偿和改善现实世界"[1]。由此可见，皮亚杰十分关注游戏对儿童情感发展的价值，他认为，游戏所实现的同化作用，大多体现在情感方面，游戏可以说是儿童解决情感冲突，实现情感平衡的一种手段。

3. 认知发展学派的游戏发展阶段论

皮亚杰认为，游戏是认知或思维发展的表现形式，儿童受认知或思维发展水平的制约，在不同认知发展阶段从事的游戏类型也不相同。皮亚杰把儿童认知发展划分为四个阶段：感知运动阶段、前运算阶段、具体运算阶段和形式运算阶段。学前儿童主要处于前两个阶段，其对应的游戏形式是练习性游戏、象征性游戏以及结构游戏。

练习性游戏表现为对某种运动的重复进行，主要是对儿童刚刚学会但还不熟练的动作技能进行练习。儿童进行练习性游戏的驱力既不是外加的，也不是内发的，而是来自活动过程本身带来的快感，即所谓"机能性快乐"。练习性游戏随着儿童向前运算时期发展而逐步减少，但并没有消失。一旦有新的动作技能需要掌握，练习性游戏还会再度出现。

象征性游戏是学前儿童游戏的典型形式，指的是儿童通过"假装""假扮"或"幻想"，借助某种象征物（可以是动作、语言、身体或物品等）替代不在眼前的真实的人、事、物、场景等的一种游戏活动。象征性游戏超越练习性游戏之处在于，它不再依赖直接的感知运动，反映了学前儿童符号化

---

[1] 刘焱. 儿童游戏通论[M]. 福州：福建人民出版社，2015：112.

机能的出现。但皮亚杰认为，这种符号化机能具有"自我中心"特征，即"象征物"与"被象征之物"的联合完全是主观的，在前运算阶段后期（4至7岁）才逐步接近现实。

皮亚杰的游戏理论将认知发展与游戏联系起来，大大启发了随后的相关研究，但他对游戏与认知发展的关系的认识存在明显不足。首先，皮亚杰把游戏看作仅仅受认知发展单一因素的影响，显然有失偏颇。除认知发展外，游戏实际上还受到多重复杂因素的影响。其次，皮亚杰认为认知发展水平对游戏的影响具有单向性，这也不符合实际。游戏不仅受认知发展水平的制约，还能促进认知发展，这已经被诸多研究所证实。

（三）社会文化历史学派的游戏理论

社会文化历史学派是苏联最大的一个心理学派别，代表人物有维果茨基、列昂节夫、艾里康宁等。他们在辩证唯物主义和历史唯物主义的基础上，创造了与西方不同的游戏理论。

1. 社会文化历史学派的游戏本质观

社会文化历史学派认为，儿童游戏的起源不是生物学的，而是社会性的。从游戏的发生发展来看，维果茨基在一定程度上解释了儿童游戏的个体心理需求，即游戏的发生是因为在学前期出现了大量这一阶段儿童能力无法直接达成的愿望所致。而这些愿望大多反映的是成人的社会生活形式及内容，包括成人如何穿戴、如何交流，以及如何扮演其社会角色。艾里康宁发展了社会文化历史理论体系下对游戏发生和发展的解释。他认为，儿童游戏需要的出现和发展与社会历史演变过程以及社会文化条件的进步有关。他通过儿童参与社会生活的动态历史进程，对其游戏需要的出现做出了解释：随着社会文化历史的不断演进，生产力的发展以及社会分工复杂程度的提升，儿童逐渐需要借助假装的情境来处理现实社会生活中他们无法完成的具有一定难度的任务，或者来体验他们没有机会亲身经历的生活形态或社会角色。以社会本质观为基础，儿童游戏的形成，包括想象情景的出现以及"以物代物"的具体过程，是在不断社会交互的过程中逐渐养成的，这不能被单纯地概念化为儿童个体的先天行为。社会文化历史学派强调个体与其在特定社会文化环境中的经历之间的关系。儿童游戏的形成与发展也必然受到其所处的特定社会文化背景中集体历史经验的影响。

2. 社会文化历史学派的游戏发展价值论

社会文化历史学派强调游戏是儿童的主导性活动。主导性活动指的是该活动与儿童心理上发生的最重要变化相关联，儿童的心理在这一活动中得到不断发展。游戏创造了儿童的"最近发展区"，促进了儿童认知和意志行为的发展。在游戏中，儿童通过"以物代物"的方式，使思维摆脱了具体事物的束缚，促进以使用符号为特征的表象思维的发展，为后来更为抽象的思维发展打下基础。而且在游戏中，要求儿童不是按照他的直接冲动去行动，而是按游戏中角色所需去行动，这锻炼了儿童的自制力，有助于其意志的发展。

社会文化历史学派对游戏本质社会性的强调，在生物因素、认知因素之外揭示了游戏本质的另一重要侧面。社会文化历史学派对游戏发展价值，尤其是认知发展价值的看法，相比皮亚杰也更为积极。不过其强调成人对儿童游戏发展的决定性作用的观点，给游戏实践中儿童主体性的发挥造成了一定的障碍。

第三节　学前儿童游戏指导

一、学前儿童游戏指导的意义

（一）有助于游戏水平的提高

幼儿由于受身心发展水平的限制，对人、事、物的理解和认识都有一定的局限，在游戏中难免会产生各种各样的问题，使游戏陷入中断的危险，或者始终在低水平徘徊。此时，教师适时、适度的指导能够帮助幼儿延续游戏、提高游戏水平，使幼儿从游戏中获得更多的乐趣、成功感和效能感，进而使游戏的教育价值得到更充分的释放。例如，有研究者使用豪斯的游戏分类层次，结合对幼儿园教师游戏指导行为的观察记录，对两个班级幼儿社会性游戏的情况进行研究,发现在教师多使用激励、安抚式的指导语言,表情丰富,多表扬少批评的班级中,从事社会化程度最高的"互惠社会游戏"的幼儿所占比例为40.9%;而相比之下,在教师指导行为少的班级中,从事"互惠社会游戏"的幼儿所占比例仅为6.5%。统计检验显示:两个班在游戏层次上有显著差异。[①] 可见,适宜的游戏指导有助于提高幼儿的游戏水平。

(二) 有利于和谐师幼关系的建立

和谐的师幼关系是游戏顺利展开的重要条件;反过来,教师对游戏适时适度的参与和指导有利于建立和谐的师幼关系。教师以平等的姿态参与到游戏中,积极关注幼儿在游戏过程中的表现、需要,及时对幼儿好的表现给予表扬,对幼儿的需要给予回应和帮助,会使幼儿感受到教师的关心。这些行为同时在向幼儿传递着一种态度,即游戏不但对于他们而言是重要的、有价值的,而且在教师眼里也是重要的、有价值的,从而缩小幼儿与教师之间的距离感。可以说,游戏中处处渗透着情感因素,教师在游戏指导中应注重这一因素,树立情感关怀的价值取向,这样才能发挥游戏的情感教育功能,并为建立和谐的师幼关系搭建桥梁。

(三) 有益于幼儿的发展

游戏具有重要的发展和教育功能,但要想发挥这一功能,必须辅以适当的指导。因此,游戏的指导是充分发挥游戏作用的关键。对此,有学者指出,游戏指导的实质是通过控制那些有可能"诱发"游戏自我生成与更新的多种因素,使游戏的自我生成与更新符合教师的预期目的。游戏具有自我生成与更新的特性,即游戏过程中出现的一些因素诱使幼儿改变原来的游戏方向,增加或修改游戏的内容或路径。教师敏锐地发现游戏生成与更新中的教育契机,予以支持、引导,既是游戏发展的内在要求,也是游戏指导的重要意义之一,更是教师教育机制的直接体现。

[①] 华桦. 游戏中教师指导对幼儿社会性行为的影响 [J]. 学前教育研究,2004 (3):26—29.

二、学前儿童游戏指导的原则

(一) 有为与无为相结合的原则

承认对幼儿游戏进行指导的意义和价值，本身就蕴含着教师应在幼儿游戏中"有所作为"之意，但这绝不意味着教师可以在幼儿游戏中"为所欲为"，而是要把握"为"的时机和力度。在游戏开始时，尊重幼儿对游戏的选择；在游戏进行中，尊重幼儿游戏自身的发展，这时需要"无为"。但当有可能诱发幼儿游戏自我生成与更新的因素出现时，则要"顺势而为"，即把握"为"的度。游戏中的指导，更多是一种隐性的、有限的指导。杜威曾指出，教育中的指导，是"把被指引的人的主动趋势引导到某一连续的道路"[①]。换言之，指导只有在被指引者原本就在趋向的道路上才是可能的，在这个意义上，最初的"指导"力量来自被指引者的主动趋势，外部指导是在这一最初指导背后的"再指导"，因而是一种隐性的指导，并且这种指导也是有限度的，超过一定限度，不顾幼儿游戏的进程，硬要在其中插入教学目标，结果可能"鸡飞蛋打"——教学目标没有实现，幼儿也失去了玩的兴致。过度指导反而会使游戏指导变成对游戏的破坏。

(二) 愉悦性与教育性相统一的原则

愉悦性是游戏的本质特征，而教育性是幼儿园教育的必然追求，游戏指导的目的便是帮助幼儿在愉悦中增长知识经验，获得能力发展。因此，在理想状态下，游戏指导是游戏之愉悦性与指导之教育性的"合金"。但现实中两者往往处于矛盾冲突之中，对游戏指导得少，教师会担心游戏的发展价值得不到充分实现；而对游戏指导得多，教师又担心游戏成了变相的教学。对此，有学者认为，幼儿园里并不存在要么是游戏，要么是非游戏；要么是教学，要么是非教学的极端划分，幼儿的行为可能更多地处于"纯游戏"到"非游戏"这一连续体的某一点上，而教师的行为则可能更多地位于从"纯教学"到"非教学（即游戏）"这一连续体的某一点上。因此，幼儿园中所

---

① 杜威. 民主主义与教育[M]. 王承绪，译. 北京：人民教育出版社，2001：30.

发生的教育活动都是"游戏"和"教学"不同程度的结合。在这个意义上，我们就不必纠结于指导多少是游戏，到了什么程度又成了教学，而是要辩证地把握愉悦性与教育性的关系，只要有助于幼儿在获得愉悦满足的同时学到本领，获得成长，这样的游戏指导就是合理的。

三、学前儿童游戏指导的策略

（一）游戏进行阶段的指导策略

游戏进行阶段的指导首先要建立在观察的基础上。观察是游戏进行过程中教师指导的前提和依据。"老师借着观察评估每位孩子的发展，并计划提供哪些选择以支持孩子在游戏中持续发展自主性。"[1] 因此，教师应在充分、细致观察的基础上，准确地判断幼儿游戏行为的意义，再进一步确定指导的必要性和具体方式。教师可以在相等的时间内对每个幼儿轮流进行观察、记录，以了解全体幼儿的游戏情况；也可以固定在某一地点，对该区域或主题游戏的情况进行持续的观察；还可以预先确定一到两个幼儿作为观察对象，对他们在游戏中的活动情况进行持续跟踪观察等。为了在观察中做到点面结合，教师也可将上述方法综合运用，以获取更为全面的信息，更好地为游戏指导服务。

在观察的基础上，如果教师认为有必要进行指导，可以根据教师在指导时介入游戏方式的不同，把游戏指导分为平行式介入法、交叉式介入法和垂直式介入法。平行式介入法指的是教师在幼儿附近，与幼儿玩材料、情节相同或不同的游戏，目的是引导幼儿模仿；交叉式介入法则是教师作为游戏的一个角色进入游戏，通过角色与角色的互动指导游戏；垂直式介入法指的是当游戏过程中出现严重违规，甚至具有危险性的情况时，教师以本来的身份直接进入游戏，予以干预，以保证安全性。可见，在不同的介入方式中，教师有时与幼儿同为游戏者，有时又作为游戏的旁观者。

---

[1] 琼斯，瑞诺兹．小游戏大学问：教师在幼儿游戏中的作用 [M]．陶英琪，译．南京：南京师范大学出版社，2006：29．

在介入后具体的指导行为上，根据采用媒介的不同，游戏指导可以划分为以语言为媒介的游戏指导和非语言的游戏指导。在以语言为媒介的游戏指导中，教师作为游戏者时，往往通过游戏中角色的语言、语气、语调来进行指导；教师作为旁观者时，则主要以"外人"的语言对幼儿的游戏进行建议、询问、鼓励、描述；在垂直式的介入中，教师也会使用指令式的语言。在非语言的游戏指导中，教师一方面可以通过自身的表情、动作、眼神等为幼儿游戏提供指导，另一方面也可以根据游戏进行情况为幼儿补充、更换某些游戏材料来进行指导。

（二）游戏结束阶段的指导策略

游戏结束阶段的教师指导离不开对游戏过程的细心观察。教师只有通过观察了解幼儿游戏的情况，才能确定需要引导幼儿讨论的重点。在具体的指导过程中，教师可以采用不同的方式引起讨论。例如，可以采用类似"在刚才的游戏中，我看到……"的语言，描述游戏中观察到的典型事例，供幼儿讨论；也可以请一部分幼儿先讲述游戏过程，在了解游戏大体情况后，对其中的某个问题进行深入的探讨；甚至还可以在指导过程中大胆与幼儿互换角色，让幼儿做游戏讲评的主持人。不过以上方式更多地需要借助语言，往往受制于幼儿的语言表达能力，因此，教师也可以采用其他方法，如让幼儿以绘画的方式表达自己对游戏的感受等。

第四节 学前儿童游戏与玩具

一、学前儿童游戏中玩具的作用

玩具不但具有承载、传递一定社会文化及娱乐审美等一般功能，对学前儿童游戏，还起着重要的作用。

（一）为幼儿游戏提供物质基础

如果说游戏是幼儿的基本活动，那么玩具就是幼儿游戏的主要物品或工具。陈鹤琴先生曾说，小孩子玩，很少空着手玩的，必须有许多的东西来帮助,才能玩起来,才能满足玩的欲望。幼儿游戏之所以离不开玩具,与幼儿的发展特点不无关系。幼儿的思维具体形象,只有通过具象事物的刺激和对它们的操作才能调动其已有经验,投入游戏。玩具能够激发幼儿游戏的动机。为幼儿提供不同的玩具,往往能激发幼儿不同的游戏动机。例如,给幼儿提供娃娃家用品,包括各种衣物、厨房用品、电话等,幼儿去从事团体游戏或角色扮演游戏的可能性就很大;而给幼儿提供积木、积塑等,幼儿则更可能去从事结构游戏。蕴含着多种玩法的玩具,幼儿有可能用更为多样的方式进行游戏,使游戏内容更加丰富。此外,玩具可以作为幼儿在游戏中交往的中介,幼儿既可以自己玩,也可以和同伴、成人一起玩,从而增强游戏的可变性和多样性,提高游戏水平。总之,适宜的玩具是幼儿游戏不可或缺的物质基础。

(二)促进幼儿多方面的发展

玩具是幼儿的"教科书"。好的玩具不仅能给幼儿带来快乐,还能够使他们在利用玩具进行游戏的过程中获得多方面的发展。通过与玩具的直接接触、操作,幼儿积累了丰富的感知觉经验,在不知不觉中进行着感官、运动技能方面的练习。有些玩具操作需要幼儿手脑并用,进行一定的分析、推理、比较等,从而活跃幼儿的思维,促进幼儿思维深度、灵活性等的发展。有些玩具,无论是形式上,还是功能上,都具有很强的非特定性特点,为幼儿预留了广泛的活动可能性和巨大的想象、创造空间,操作这类游戏,无疑对幼儿想象力、创造力的发展有益。除了玩具本身的特点外,幼儿在以玩具为中介与同伴、成人展开的社会性互动中,能够体验并学习与不同的人交往的一些规则和技巧,从而有助于幼儿的社会性发展。

(三)促进幼儿的社会文化适应

玩具总是体现着一定的社会文化,通过与玩具互动,幼儿获取其中的文化基因,与该种文化同质化,从而更好地适应该种文化。萨顿·史密斯曾把玩具视为现代文化的一个重要组成部分,并且是一个更大的文化目标的承担者。具体地说,玩玩具使幼儿习惯独自地全神贯注于努力以取得成绩,这与现代文化的特征是相吻合的。他认为现代文化十分适合能够在独自条件下自信而勤勉地工作的个人，而玩具鼓励幼儿更多地去独自活动。玩玩具就像看电视一样，常常把幼儿长时间地从其他社会互动中拉出来，而让幼儿置于同物体互动的情境中，从物体中学习，学习关于物体的知识。这种活动可以训练幼儿适合现代文化的思维方式：抽象和分析。当然，把玩具看作幼儿适应现代文化的路径，可能既把玩具的功能单一化，也把幼儿社会性发展的影响因素单一化了。但它提示我们以往似乎不十分重视的一个方面，玩具至少处于文化用以完成其基本目标的成套工具之中。

二、学前儿童游戏中玩具的种类

学前儿童游戏中玩具的种类繁多，主要分类标准如下：

（一）依玩具的功能分类

依据玩具的不同功能，玩具可分为以下四类。

表征性玩具：表征性玩具是以自然和社会中的真实事物为模拟对象产生的玩具。这类玩具又可细分为两种，分别是模拟实物的玩具和模拟生物的玩具。前者以社会生活中的用品或工具为模拟对象，后者则以人或动物为模拟对象。

教育性玩具：教育性玩具通常包含一定的学习任务，意在帮助幼儿学习特定的概念或技能，玩具的要素、结构、玩法等通常内化着想让幼儿学习的内容。在这个意义上，可以把教育性玩具看作学习过程的凝固态或者物化形态。

建构性玩具：建构性玩具主要包括可让幼儿进行建构活动的各种材料，比如积木、积塑、沙水等。这类材料既能帮助幼儿在操作过程中感受不同材料的性质、特征，发展动手能力，又为幼儿的想象、创造留有极大的空间。

运动性玩具：可供幼儿骑、滑及用于其他各种运动的玩具，如滑板、小车、各种球、绳子、毽子等。

（二）依玩具的应用对象分类

按照将玩具应用于何种游戏活动，玩具可分为以下五类。

角色游戏玩具：供幼儿玩角色游戏时使用的玩具，如玩"医院""娃娃家"等游戏时用到的各种物品，以及扮演人或动物时用到的头饰、服装、道具等。

结构游戏玩具：供幼儿玩结构游戏时使用的玩具，例如各种积木、积塑，还包括玩沙、玩泥塑时使用的各种玩具等。

智力游戏玩具：常见的包括各种镶嵌类、拼图类、套装类、接插类、棋类玩具等。

体育游戏玩具：包括大型的体育游戏器具如滑梯、秋千等，中型的器具如三轮车、跷跷板等，小型的器具如铁环、哑铃、绳、投掷器材等。

音乐游戏玩具：包括小铃铛、八音盒等发音玩具，小手风琴、打击乐器等儿童乐器。

（三）依玩具的结构化程度分类

按照玩具的结构化程度，玩具可分为高结构化玩具和低结构化玩具。高结构化玩具指的是在功能及玩法上都基本确定的玩具；低结构化玩具则相反，其功能相对不确定，游戏者可以根据自己的想法和想象自由地使用。相比之下，在游戏中使用低结构化玩具更能促进幼儿想象和发散思维的发展。不过遗憾的是，现代玩具尽管种类多样、制作精良，但却多为结构化程度较高的产品，剥夺了幼儿创造想象的机会。

三、学前儿童游戏玩具的配备与选择

鉴于玩具对幼儿游戏和发展的巨大价值，幼儿园应为幼儿配备丰富多样的、符合幼儿年龄特点且具有教育意义的玩具。

（一）幼儿园玩具的配备

1992年国家教委颁布了《幼儿园玩教具配备目录》及其相关指导性文件，规定幼儿园玩教具的配备应包括以下九大类。

体育类：主要包括室内外大型活动器械和幼儿活动用的其他器械，供幼儿练习走、跑、跳、钻、爬、攀登、投掷和平衡。

构造类：主要包括堆积、接、插、拼、搭、穿、编等造型玩具。

角色、表演类：主要包括扮演各种角色、模仿动作等所用的器具。

科学启蒙类：主要包括幼儿自己动手操作、演示各种物理现象的用具，观察和饲养用具，玩沙、玩水等用的玩教具。

音乐类：教师教学用的乐器和幼儿使用的打击乐器。

美工类：主要包括幼儿用于剪、贴、粘、捏、画等的用具。

图书、挂图与卡片类：主要是保证幼儿园完成教学任务的辅助教学材料。

电教类：包括电化教育最基本的软件、硬件。

劳动工具类：主要是用于让幼儿自己动手进行种植、观察、饲养等活动的用具。

这其中混合了部分教师用的教具，但大部分是幼儿游戏、学习用的玩具，可供幼儿园配备玩具时参考。

（二）幼儿园玩具的选择

由于幼儿园玩具供给对象的特殊性，对玩具的选择必须符合严格的标准，以保证玩具的适宜性。

第六章 幼儿园的课程与教学

第一节 幼儿园课程概述

一、课程的词源分析及含义

在中国,"课程"一词最早出现于唐代。唐代孔颖达为《诗经·小雅》中"奕奕寝庙,君子作之"句作疏:"维护课程,必君子监之,乃依法制。"所谓"奕奕寝庙,君子作之",直解为"好大的殿堂,由君子主持建成",喻义为"伟大的事业,乃有德者维持"。这里"课程"这个词的含义与我们现在通常所说的课程的意思相去甚远。宋代学者朱熹在《朱子全书·论学》中多次提及课程,如"宽着期限,紧着课程""小立课程,大作工夫"等。这里的课程主要指功课及其进程,与现在多数人对课程的理解基本相近。

在西方英语世界中,"课程"一词最早出现在英国教育家斯宾塞的《什么知识最有价值》(1859年)一文中。它是从拉丁语"currere"一词派生出来的,原意为"跑道",规定赛马者的行程,与教育中"学习内容进程"的意思较为接近。所以课程最常见的定义是"学习的进程",这一解释在各种英文词典中比较普遍。课程既可以指一门学程,又可以指学校提供的所有学程。

然而,在当代,关于课程的这种界说受到越来越多的批评。不同的学者由于哲学价值观不同,对课程本质的规定也有不同的认识,课程的本质内涵至今依然是多元的。但在课程领域,仔细对课程的本质内涵进行梳理,还是可以发现一些比较常见的关于课程的定义：课程即学习的科目和教材；课程即儿童在学校获得的学习经验；课程即学校组织的各种学习活动；课程即教学计划；课程即预期的学习结果或目标。

尽管每一种定义都有一定的合理性，也有自己明显的局限性，但都从一个侧面或多或少反映了课程的某些本质。

二、幼儿园课程的含义

这里的幼儿园课程主要指面向 3~6 岁幼儿的课程。在我国，从 20 世纪 80 年代的课程改革及至今日，幼儿园课程的界定主要有以下三种类型。

（一）学科倾向的界定

以学科来组织课程的内容，如音乐、美术、语言、常识、体育、计算等，在我国 20 世纪 80 年代的学前教育中是比较普遍的。进入 90 年代以后，随着整合教育观的影响，学前教育中的学科课程与以前相比发生了变化，课程不再是单一的学科，而是加强了学科间的联系，学科间的界限逐渐模糊了，整体性增加了。同时，以学科为基础的相关课程、领域课程也普遍出现了，如音乐、美术构成艺术领域，常识与计算构成科学领域，那种单一的学科课程已经基本消失了。

（二）活动倾向的界定

活动倾向的界定认为幼儿园课程是为幼儿安排的有组织、有计划的各种活动总和。课程开始由注重学科转向注重幼儿，注重幼儿的学习活动，注重幼儿在活动中的主动性，强调课程的动态过程。

（三）经验倾向的界定

经验倾向的界定强调幼儿园课程是为促进幼儿身心和谐发展所提供的有益的经验。这种界定也关心幼儿的活动，但它更关心的是幼儿在活动中所获得的经验，尤其是对幼儿发展有益的经验。所以这种界定比活动倾向的界定又多了一个参照，即幼儿通过活动所得到的经验，尤其是直接经验。

基于上述分析，我们认为幼儿园课程是指在幼儿园一日活动中，帮助幼儿获得有益的学习经验，促进其身心和谐发展的各种活动的总和。

三、幼儿园课程的特点

幼儿园课程作为学校课程的一个重要组成部分，与学校课程体系中的其他分支课程既有相似之处，也有不同之处。学前教育所面对的对象是 3~6 岁的幼儿，幼儿在学习与发展上与其他阶段的学生相比有自己独特的特点，因而学前教育强调保教并重，强调一日生活的组织安排，强调注重游戏这一基本的活动形式等，使得幼儿园课程具有了与其他阶段教育的课程所不同的特点。也正如《幼儿园教育指导纲要（试行）》所言："幼儿园教育应尊重幼儿的人格和权利，尊重幼儿身心发展的规律和学习特点，以游戏为基本活动，保教并重，关注个别差异，促进每个幼儿富有个性的发展。"

（一）基础性

基础性是从幼儿园课程在人的一生发展中所起作用的角度而言的。《幼儿园教育指导纲要（试行）》明确指出，"幼儿园教育是基础教育的重要组成部分，是我国学校教育和终身教育的奠基阶段"，要"为幼儿一生的发展打好基础"，"使他们在快乐的童年生活中获得有益于身心发展的经验"。学前教育是向下扎根的教育，它在整个教育体系中处于奠基的位置。幼儿园课程是学前教育的载体，它直接影响幼儿在这一阶段所获得的经验及当时的发展，从而为今后甚至一生的发展奠定基础，因而具有基础性。

学前阶段是人生的启蒙阶段，是幼儿迈开脚步走向社会的开始，幼儿园课程只需要向幼儿传递关于周围环境中自然、社会与人类最浅显的知识和观念，不求系统与深奥。所以，幼儿园课程就应该成为幼儿睿智的引导者，帮助他们认识周围世界，使幼儿在享有快乐童年的同时，身心在原有发展水平的基础上，得到与其发展水平相宜的提高。

（二）全面性

全面性是从幼儿园课程的目标角度而言的。幼儿园课程是实现学前教育目的的手段，是实现幼儿全面发展的中介，因此幼儿园课程就必须以实现幼儿在身体、认知、情感、社会性等方面的和谐发展为目标，要具有全面性。《幼儿园教育指导纲要（试行）》也提出，"幼儿园的教育内容是全面的、启蒙性的，可以相对划分为健康、语言、社会、科学、艺术等五个领域"，而这五个领域涵盖了幼儿发展的各个方面，其中任何一个领域的缺失都会造成幼儿发展的片面，因而全面性是幼儿园课程必须追求的目标。

（三）生活性

生活性是从幼儿园课程的内容角度而言的。幼儿处在身心发展的特殊时期，对于他们的发展来说，最重要的不是系统的学科知识，而是一些基本的生活卫生习惯、生活自理能力、与人相处的态度及基本的常识等，这些都需要在这一阶段学习，而这些东西是不可能通过教师的书面讲授、口耳相传获得的，只能在生活的过程中学习。另外，由于幼儿的思维是形象的、直观的，幼儿的学习是直接经验式的，所以他们最感兴趣的学习内容就是自己可以感知的、可以操作的内容。幼儿只有在现实生活中，通过与大量的人、事、物的相互作用，通过操作、交往、参与、探究获得知识，习得态度，体验情感，形成个性。从生活中学习是幼儿学习的必然要求。幼儿园课程必然带有浓厚的生活特征，课程内容来源于幼儿的生活，课程实施更要贯穿幼儿一日生活的各个环节，所以生活性就是幼儿园课程的一个重要特性。值得一提的是，幼儿园课程的生活性并不意味着要把课程与日常生活等同起来，混为一谈，而是要合理地加强课程与生活的联系，加强课程对生活的过滤，以使幼儿园课程既来源于生活，又超越生活，真正起到引导幼儿发展的目的。

（四）活动性

活动性是从幼儿园课程的实施角度而言的。幼儿由于生理、心理的发展特点及学习特点，其学习方式与中小学的学生不同。对幼儿来说，教师的语言传递不是他们学习的主要方式，静听式的学习方式有悖于幼儿的学习特点；只有在活动中的学习才是有意义的学习，只有以直接经验为基础的学习才是理解性的学习。幼儿必须借助具体的情境、具体的事物，在参与、探索和交往中学习，离开了幼儿与环境相互作用的各种具体活动及情境，幼儿园课程就没有了鲜活的生命力。所以幼儿园课程的实施，关键在于为幼儿创设丰富的活动情境，提供多样化的活动材料，创设有利于幼儿自发、主动探究的活动氛围，为幼儿提供各种探究与互动的机会。从这一意义上来讲，一日生活、区角活动、游戏活动、教学活动都是幼儿园课程实施必须关注的。

（五）整合性

整合性是从幼儿园课程的组织角度而言的。幼儿园课程不同于中小学的课程，更强调按幼儿的生活逻辑组织课程，更强调知识经验之间的横向联系与整体性。幼儿身心发展的水平和学习特点决定了幼儿园课程应该是高度整合的课程。在幼儿园课程实施中，幼儿是以完整人的形象出现的，所以幼儿园课程的内容就应是整合的，应尽可能使不同的课程内容产生联系。幼儿园课程应使多个学科、多个发展领域之间相互联系、相互促进，从而构成一个有机的发展整体，更好地促进幼儿的发展。

第二节 幼儿园课程与教学主要模式

课程模式是以某种哲学思想及几种儿童发展、教育、教学理论综合成的理论为依据，制订出的某种教育计划或教育方案。它整合了理论和实际操作方式，并形成一定的系统。只是单纯的理论探讨或具体操作的陈述都不能成为课程模式。一般课程模式应包含有教育目的（目标）、内容、教学方法和评价等要素。

自 20 世纪 60 年代起，国内外学前教育和课程的研究增多，系统化的课程框架从理论和实践中不断产生、发展。

一、外国学前教育课程模式

（一）海恩斯科普认知发展课程模式

海恩斯科普课程是根据皮亚杰的儿童发展理论提出的一种开放式的教育理念和实践模式，于 1964 年由美国学者戴维·韦卡特和他的同事们开发。20 世纪 80 年代后期，海恩斯科普课程在与几种认知课程模式的竞争中脱颖而出，在美国学前教育中被广泛应用。经过多年不断的发展，其内容架构目前由五个基本部分组成。

1. 主动学习

海恩斯科普课程首次提出了"主动学习"这一概念,并将其列为儿童认知发展的八大关键经验(其他为语言、经验和表征、分类、排序、数概念、空间关系、时间关系)之一。按照海恩斯科普课程的观点,"主动学习"是指"由学习者发起的学习",也指"学习者创造性地学习,即能动地建构关于现实的知识",并强调主动学习应遵循由具体到抽象、由简单到复杂、由近及远的学习方式。

海恩斯科普课程发展到 20 世纪 80 年代,主动学习的地位更加凸显。它从关键经验中剥离出来,成为海恩斯科普课程的核心指导思想。课程的一切都围绕主动学习这一指导思想进行,其最终的目标便是使儿童成为一个能够主动学习的人。教师的作用主要是以海恩斯科普课程中提出的关键经验为基础,为儿童设立适应身心发展的系列目标,通过提供多种多样的活动材料、制订活动计划、开展活动、与儿童一起对活动进行回顾,与每个儿童进行交流并且认真仔细地观察每一个儿童,以及引导小组与集体开展积极的学习活动等方式,来支持儿童的主动学习。

2. 环境的布置

海恩斯科普课程主要是通过为儿童提供能够支持儿童主动学习的环境,来促进儿童的主动学习。而这个环境主要就是对活动室的布置。活动室布置应遵循的原则是:能够鼓励儿童参与并且获得个人的、有意义的与教育性的经验;教室中划分学习中心区域与活动区时要考虑儿童的兴趣;增加儿童积极参与排列顺序、学习数字、时间关系、分类、空间关系与语言发展的机会;加强对必要的技能与概念的学习,以及对这些技能与概念进行使用的机会。

3. 每日时间表

在整个一天中,尽可能保持活动内容的连贯性,并以"制订计划—行动—回忆"三个环节结合的活动方式,为儿童在活动内容上进行安排。

"制订计划时间"为每天活动的开始,儿童可以向教师表达他们的思想,并把自己看成是能够按照决定采取行动的个体。在执行计划之前,教师与儿童一起反复讨论计划，帮助儿童澄清自己的观点和思考如何去执行计划。儿童和教师在这个谈话和思考过程中实现了双赢：儿童的知识得到了巩固，活动的动机得到了加强；对教师而言，能对活动中可能出现什么样的机会使儿童进一步拓展活动领域，儿童在此过程中可能遇到什么样的困难等问题有所考虑。

"行动时间"在日常活动中时间最长。在这个时间段中，儿童执行他们计划的活动，对学习材料进行探究，学习新的技能，不断尝试自己的想法。教师主要是进行观察，了解儿童如何收集信息，如何与同伴进行交流，解决活动中遇到的问题，以及在适当的时候进入儿童的活动之中，参与儿童的讨论，拓展并且创设解决问题的环境。

"回忆时间"是儿童分组，通过多种方式来向同伴和教师描述或展示他们的学习活动的经验。回忆的策略包括画图画、做模型或展示如何开展一项计划或者口头回忆学习活动期间发生的事情。回忆活动最重要的是它使儿童能够向其他人描述他们的"智力图式"。

4. 评价

教师对儿童重要的行为变化、言语以及有助于他们更好地理解儿童思维与学习方式的内容做记录，以笔记与文件夹这两种方式来收集资料，评价儿童在学习主动性、社会联系、创造性陈述、音乐与运动、语言与读写能力以及逻辑与数学等这些方面的发展过程。

5. 课程内容

海恩斯科普课程的内容来于两种资源：儿童的兴趣和关键经验。关键经验是海恩斯科普课程的一个重要组成部分，主要是对儿童社会性、认知、身体发展的一系列陈述。它是成人支持、观察儿童活动并做出计划的指示物，也是评估儿童发展状况的指标体系。关键经验是儿童发展必不可少的，同时是连续的，不是一次就能发展完成的。所有关键经验的获得都要依靠儿童主动地操作物体、与他人交流以及经历事件。关键经验包括创造性表征、语言与文字、自主性与社会关系、运动、分类、音乐、排列、数概念、空间、时间概念等。

(二)"发展—互动"课程模式或银行街课程模式

本课程由美国教育家米歇尔发起,并由芭芭拉·拜伯伸发展和描述。银行街教育学院原名教育实验所,创立于1916年,至今它在教育界仍然拥有卓越独特的地位,对美国各地以及全世界的教育事业都产生了深远的影响。教育实验所由米歇尔和约翰逊创立。最初,它吸收早期进步主义教育实验、乡村学校、职业教育、日间托儿所和公立学校的特点和思想,以多元兴趣为其教育工作的特色。至1919年,教育实验所形成了其沿用至今的工作理念和研究重点:通过研究、实验以及探索孩子们的发展过程而了解孩子,同时创造环境来支持和促进孩子们的发展。

1. 课程的理论基础

本课程综合了弗洛伊德的心理动力学理论、皮亚杰的认知发展理论、杜威的进步主义教育思想,发展出"发展—互动"的教育方法。发展主要指个体成长的方式和理解世界的方式,互动是指个体与环境(由孩子、成人以及物质世界组成)之间的互动以及认知发展和情绪发展之间的互动和相互关联。银行街课程模式以"发展—互动"理念为基础,对出生到8岁的儿童进行教育。

2. 儿童发展的一般原则

本课程的基础是关于儿童发展的一般原则,主要包括6个方面:儿童的发展是一个从简单到复杂,从单一到多数,不断积累经验和发生转换的发展过程,同时儿童的发展又具有一定的发展阶段性。个体发展不是在一条直线上的某一个固定的点,而是在一个可能的范围之内发展。儿童的发展过程中包含了各种稳定性和不稳定性,教育工作者的任务就是帮助孩子在巩固新知识和提供挑战、促进成长之间找到一个平衡点。儿童的发展是以自身身体为中心的,逐渐变成感知觉的,再到象征性的、概念的。儿童自我概念和自我认知的发展是在与他人和环境的互动过程中逐渐发展的。儿童的发展过程中时常会出现冲突,这包括新经验与儿童已有经验之间的冲突以及儿童与他人之间的冲突,解决冲突的过程可以促进儿童对自身知识经验以及观点和看法进行重组、加工,促进儿童的发展。

3. 课程目标

本课程的目标是：培养儿童与环境进行有效互动的能力。能力是发展的中心，有能力是指在发展的各个领域都尽可能做好，同时能够充分发挥和运用自己的能力。发展儿童的独立自主性和自我意识，包括自我认同、独立行事、学会选择以及能够接受别人帮助等。发展儿童的社会性，包括关心他人、发展友谊、尊重多元、认识到人与人之间的相互关系以及学会感受自己是社会团体的一部分等。鼓励儿童创造。创造不仅体现在创造的成果上，更重要的是要尊重创造的过程。

4. 课程的组织实施

银行街课程模式在组织实施过程中以强调年龄适宜性和发展的个别需求为特色，在此基础上，从儿童的兴趣出发，以社会研究为依据对课程进行整合。实施的基本途径是以游戏为主，通过支持儿童的游戏并加以引导，让儿童在安全、有教育意义、有变化的游戏环境中探索和认识周围世界。

在实施过程中，本课程强调教师的角色是要为儿童创造适合年龄特征和个别需求的学习环境——包括物质环境和心理环境。心理环境涉及教师的个性特征、行为风格以及心理和教学经验等。教师的职责首先应该是了解儿童的年龄发展阶段和特征以及每个儿童的独特个性。在此基础上，教师就当把教室组织成儿童的工作室，使孩子能在这里自由地操作和使用各种物体，自己选择活动并独立完成计划。同时，教师要积极观察儿童的各种行为表现，对儿童的自发活动做出积极反应，激励和引导儿童探究问题。

二、我国的课程模式和教学方案

(一)"中心制课程"单元教学方案

本教学方案或说课程模式由陈鹤琴先生创立。以陈鹤琴先生的"活教育"理论为指导，以"做人、做中国人、做现代（世界）人"为目标，以"大自然、大社会"为内容，"做中学，做中求进步"为方法。他提出以健康、社会、科学、艺术、文学等五种活动编排幼稚园的整天活动，采用"单元制"使"各项活动都围绕着单元进行教学"。具体活动内容如下。

儿童健康活动：目标是促进儿童的身体健康。具体活动有游戏、早操、户外活动、整理与健康检查、午睡、餐点、静息。

儿童社会活动：强调儿童与社会的关系，要求儿童有能力和带着对公共服务的兴趣去参加社会活动。具体活动有升旗、早会、社会研究等。

儿童科学活动：使儿童增加科学知识、激发儿童对科学实验的兴趣，鼓励创造性。具体活动有自然研究、种植、饲养动植物、生物、数学、填气候图等。

儿童艺术活动：培养儿童对音乐、艺术、戏剧等的热情、欣赏力与创造力。具体活动有唱歌、律动、表情、布置、工作、记日记、玩乐器等。

儿童文学活动：训练儿童欣赏与写作。具体活动有故事、读法、诗歌、谜语、看图等。

陈鹤琴强调儿童要在"做中教"，在实践中学，教师也要在"做中教"，以利于教师和儿童共同在"做中求进步"。

（二）综合教育课程模式（方案）

该课程是由南京师范大学与南京市实验幼儿园合作研究，以生态学和建构理论为指导，以尊重儿童发展规律与发挥教师主导作用相结合，从综合性入手组织教育内容、手段、过程，以发挥幼儿园教育整体功能。以"主题"的形式，建构每一阶段的生活经验，帮助儿童形成爱学、会学、独立地学、创造性地学等品格，以促进儿童持续、和谐的全面发展。

（三）学科（领域）课程模式

这种课程模式在"文革"前以苏联教育家乌索娃教学理论为基础，曾在我国广泛流行。改革开放后，许多学前教育工作者检讨了过去分科教育的弊端，吸收维果茨基和皮亚杰的理论，建立了领域教育的观念，即把幼儿园的教育内容从以前分科教育时的六科：语言、数学、常识、体育、音乐、美术重新划分为语言、社会、科学（含数学）、健康（含体育）、艺术（音乐和美术）等五个领域，根据新的教育观念提出五个领域的教育目标、教育内容和要求，强调各领域知识内容的本身的体系以及领域之间的横向联系，以分领域的方式进行集体的、小组的、个别的教学活动。从教育部2001年新颁布的《纲要》中可以看到这种课程模式所提倡的各领域的目的、教育内容和要求。

第三节 幼儿园教学活动的原则与方法

一、幼儿园教学活动的原则

幼儿园的教学活动的原则是根据教学过程的客观规律制定的，也是幼儿园长期教学实践经验的总结，是教学活动必须遵循的基本要求。

教学原则对确定教学方案、教育目标、选择和使用教材，确定教学方法和运用各种教学组织形式都具有指导的作用，正确地贯彻各项原则是提高教学活动质量、促进儿童发展的保证。

（一）活动性原则

活动性原则就是要让儿童在主动和真实的活动中，通过感知、操作、体验、交流来进行学习。儿童是在活动中学习、获取经验并发展的。活动是儿童认知发展的关键，这是由学前儿童认知发展水平决定的。根据皮亚杰的观点，学前儿童最初的智力活动是外显的，他们通过感觉和动作与外界的事物相互作用，进而了解外界事物的特征，也在摆弄物品的过程中获得动作经验，达成动作协调。前者逐渐内化为经验、知识和概念，而动作经验则内化为头脑本身的思维运演能力。所以为了发展儿童的认知能力必须让他们运用动作和感官，亲自操作和亲身体验，真正地活动起来。

皮亚杰的观点强调儿童是主动的学习者，注重动手操作对儿童认知发展的重要性，深刻地阐释了儿童身心发展的规律，对教育工作者的影响从20世纪延续到今天。然而，儿童是生活在社会环境中，他的活动不仅涉及具体的物品，还涉及人和事，涉及他的全部社会生活。儿童是在对具体事物的操作摆弄中，在与他人的交往中、遭遇的事件和问题中，发展着自己的认知能力、语言、情感和社会性，实现着人的心理发展。在这方面，维果茨基的相关论述，扩展和提高了人们对儿童发展的认识。

既然儿童的身心发展是在与周围的环境中各种事物、人和事件的相互作用中实现的，教育儿童，就需要从活动入手，让孩子在实践中学习，获得必要的经验和体验，从而真正促成儿童的发展。为此，幼儿园教师要作为儿童学习与发展的指导者和帮助者，尽力创设适宜的环境和条件，让儿童在具体的活动中来感知、探索、操作、练习，与人交往，从事身体运动，思考解决问题，进行表达和表现，从中不断获得新的经验而实现发展。

(二) 发展性原则

发展性原则就是通过教学使儿童在原有的发展水平上，得到身心和谐的充分的发展和持续的发展。

发展性教学思想是维果茨基提出的，他认为教学与发展过程是互相依赖的过程，在教学与发展之间存在着复杂的关系。教学的重要特征即是教学创造最近发展区这一事实。教学激起与推动儿童一系列内部的发展过程，只有走在发展前面的教学才是良好的教学。这意味着教学不应当跟在发展的后面，而应当在儿童没有完全成熟的，但是正在形成的心理功能的基础上进行。教学应当促进儿童从当下的发展区域向最近发展区域过渡。

(三) 科学性和教育性原则

幼儿园的教学活动要实现《纲要》所提出的教育目标，在教学中不仅要使儿童学习简单的知识技能，发展智力还要进行道德品质教育，促进其个性的形成和身体的发展。因为儿童年龄小，知识贫乏，辨别能力差，不易分清正确与错误、是与非，因此，在幼儿园教学中贯彻科学性和教育性原则是很重要的。

教学内容要具有科学性和教育性，使儿童正确地感知客观事物和现象，形成正确的初步的概念和对事物的正确态度。引导儿童分辨什么是真实的、科学的，什么是虚假的、不科学的、迷信的，并结合各种教学内容有机地进行道德品质教育，文明行为教育，以及真、善、美的人格教育。

遵循儿童发展规律和认识事物的特点，选用科学的教学方法组织教学。一切不顾儿童发展水平和年龄特点进行的揠苗助长式的教育，都是违背科学的，对儿童身心正常发展有害的。

贯彻科学性、教育性原则有赖于教师正确的教育观、儿童观、发展观和专业知识水平。为此，必须不断提高教师的素质，以保证这一原则的正确贯彻。

（四）连续性和渗透性教学原则

教师在教学活动中为儿童提供不同的材料和情景作为儿童活动的对象，通过两者在活动中的相互作用，使儿童获得有关经验。

儿童在各种教学活动中获得的经验都具有独特性、联系性和相互依存性，有助于形成个体的经验和知识体系，如对于客观世界的经验性知识，语言的经验性知识，道德的经验性知识等。他们都有着已有的经验，现在的经验和未来的经验的连续，还有班内活动经验、幼儿园内活动经验以及社区活动经验的连续和联系。这些初级形式的，有结构的经验和知识体系，有助于儿童理解、记忆和运用。它们更隐藏着知识的复杂化、概括化和广泛发展的基础。

为此，在各种教育活动中，考虑儿童经验的连续性，保持各种教育活动自身的连续性是非常重要的。我们现在主张综合的教学活动，这可以保证儿童各种经验之间的横向联系，但是有一些教学内容，如儿童数学教育有较强的内在逻辑顺序和难易程度区别，需要循序渐进地学习、理解和掌握。这与在日常生活和其他教育活动中涉及的零散"数"或"形"的教育是有很大差别的。事实上，语言、体育、音乐、美术和科学等各个领域也都各有一定的体系，按一定的深浅程度和逻辑关系组织在一起，难以互相取代，因此在综合教育的课程框架下，也需要安排一些专门的学习活动以帮助儿童形成连续的经验。

当然，各种活动内容都不会是孤立的，具有相互渗透性。任何物质的存在都和数、形紧密联系；任何事件的发生都和时间、空间有关。语言既是思维的外壳，交往的工具，又是传承祖国文化的载体，具体的经验和体验都是语言的丰富材料。五彩缤纷、婀娜多姿的自然界是儿童感受美、萌发积极情感的对象，又是儿童探究发现，了解自然奥秘的对象。在各种教育活动中注意相互联系、相互渗透，将有助于儿童获得广泛的、丰富的经验，并巩固、运用和扩展已获得的知识内容。

贯彻教育活动中连续性和渗透性原则，对教育者提出了更高的要求。教师不仅要理解、熟悉各种教育活动内容的内在联系、连续性和体系，还要了解不同教育内容之间的相互渗透性，并把各种教育活动科学、合理地组织安排，从而保持各种教育活动的特定的体系、经验的连续，又互相渗透、有机联系，不绝然割裂，以使全部教学活动取得最佳效果。

（五）集体教学活动与个别教学活动相结合的原则

集体教学活动是以往"作业""上课"的延续，是我国学前教育的传统之一。它要求面向全班或一部分儿童开展教学活动，以保证所有的儿童都有接受教育的机会，使他们都能达到教育目标的一般要求。它的优点是：每个儿童都参与活动，感受到共同学习的乐趣，并能相互交流、相互补充，共同提高，还有助于合作、友爱、相互帮助等社会性行为的发展并培养遵守集体规则、不妨碍他人等良好行为习惯。

但是，由于遗传素质、社会环境、文化背景、家庭状况和生活条件的不同，同一年龄阶段的儿童，虽然具有类似的发展水平，但在各个方面的发展速度和水平上都会存在个别差异，如好奇心的强弱、经验的多寡、动作和思维的快慢、兴趣爱好的差异、语言水平的高低以及学习方法、社会交往能力等都各不相同。依据一般儿童发展水平来开展的集体活动不可能顾及每个儿童的发展状况和兴趣、爱好，因此，个别教学活动是必要的。

当今学前教育改革中出现的区角活动、选择性活动，各种开放式的活动都为儿童个别活动提供了机会。它的优势是能使儿童在不同发展水平上，得到各自能力充分的发挥，兴趣、需要得到满足，增加了儿童的活动机会，还能得到教师适时的指导，儿童也有可能在各自水平上进行操作活动并获得发展。

集体教学活动和个别教学活动相结合，可以相互联系、相互补充，但不能只重视集体活动而忽视、取消儿童的个别活动，也不能强调个别活动而放弃集体活动。在学前教育活动中，既要保证一定的集体活动时间，又要为儿童提供充分的、个别活动的机会。

为了更好地贯彻此教学原则，教师要观察了解每个儿童的发展水平，如已有的知识经验、学习态度、独立工作能力和兴趣爱好等。针对每个儿童的实际情况进行指导，使每个儿童的兴趣、需要得到满足，能力得以发挥。对发展迟缓的儿童要分析原因，多给予鼓励、支持、指导和帮助，加强个别教学。对发展较好的儿童，给予更多自主活动机会，满足他的求知欲、发挥其潜力，使之得到充分的发展。总之，要使每个儿童都能在自己的水平上得到最佳的发展。

（六）整体性和一致性原则

儿童是一个完整的、能动的有机体，始终处于积极的活动中。在任何环境里，他们都动员身体、智力、情感等各方面的力量主动地参与环境，发生物质、能量、信息的相互作用，得到整体的和谐的发展。儿童身心的各个方面是互相制约，相互促进，统一于整体之中。任何单方面的孤立的发展都是不存在的，而人为的侧重于某一方面培养训练有可能破坏儿童的整体和谐发展。

二、幼儿园教学活动的方法

教学方法是为实现特定的课程与教学目标，由特定的课程和教学内容所制约，教师与幼儿共同参与和遵循的教与学的操作步骤，也是调节教学过程的规范体系，是在教学活动中，教师借以进行全面发展教育所采用的程序。它既要考虑教师怎样教，还要考虑儿童怎样学。由于教学要求、内容和性质的不同，儿童的感知觉、思维、记忆、注意的发展水平不同，以及每个儿童学习方法的不同，要使每个儿童都能顺利地进行学习，保证教育教学目标的完成，必须运用多种多样的教学方法。

（一）操作体验法

操作体验法指的是教师在教学活动中提供与教学内容相关的操作材料，设置一定的情景，引导儿童积极主动地动手操作或亲身体验来进行学习的方法。这里包含两层含义：一是让儿童通过感官和动作对具体事物进行操作摆弄。例如，在数学教育活动中，我们经常看到教师给儿童各种材料（树叶、干果、小石子、玩具等），让儿童以取、放、挪动等各种方式进行计数、计算或推理。二是设置一定的情景，引导儿童在主动的体验活动中来学习。例如，在科学活动中教师会利用实物设置问题情景，鼓励儿童进行探索、尝试解决问题；在语言或社会活动中引导儿童对故事或事件进行表演以体验故事的意境或事件的变化等。

但是，在具体的教学活动中，操作和体验常常同时并存，例如：儿童在与同伴共同操作摆弄小石头进行计数或计算时，同时也会体验到共同解决问题的效率和乐趣。即使是单独的操作摆弄，儿童除了获得关于物体的特征的经验和动作经验外，还体验着伴随活动的开展而产生的情绪的变化和吸取经验后领悟的快乐。由于幼儿园的教学活动多半是全班的或小组的，如果教师尽可能利用真实的物品和事件来引导儿童学习，儿童在学习过程中可以和教师、同伴产生更多的碰撞和相互启发，操作和体验就会更紧密地相伴，儿童的发展也就更容易实现。

（二）演示、示范和范例法

演示、示范和范例等方法符合直观性教学原则，也符合儿童初步具有表象思维的特点，是幼儿园各种教学活动中常用的方法。

演示是教师通过向儿童展示各种实物或直观教具，表征性的符号、图像等引导儿童按一定顺序观察物体的各种的特征，使他们获得对某一事物或现象较完整的感性认识。由于实物、教具的生动形象，能收到较显著的效果。在语言、科学、数学教学中常用演示的方法。

示范或范例是教师通过自己的或儿童的动作、语言、声音，或经过选择的图画、剪纸和典型事例，为儿童提供模仿的对象，是儿童模仿学习必用的方法。在艺术教学中，教师可以运用示范和范例教儿童绘图、剪贴、塑造等技能，在音乐、体育教学中通过示范和范例教会儿童唱歌、舞蹈和体操动作等。

教师在运用演示、示范和范例时，必须伴随语言的讲解，演示、示范要正确、逼真而富有感情，要面向全班儿童，保证每个儿童能看得到、听得清，以取得良好的教学效果。

在科技高度发展的现代，演示、示范和范例还可以通过电影、电视、幻灯、录像、录音来进行，这些手段把声、形、色结合起来，使事物化小为大、化静为动、化远为近，具有生动、形象、富于吸引力和感染力的特点，容易引起儿童的兴趣，集中儿童的注意力，使儿童便于理解、易于记忆。通过这种有效的直观手段对视觉、听觉等感官的作用，丰富儿童感性认识，拓宽儿童的眼界，为儿童进行抽象、想象、概括、分析、综合提供感性材料和形象丰富的知识。

电化教具在幼儿园的使用，应服从教学的目的和任务。运用时必须深入分析教学内容和教学过程，周密考虑适用的步骤和恰当的场合。

（三）游戏法

游戏是儿童的基本活动。游戏法就是引导儿童以游戏的形式来开展学习活动。游戏最突出的特点是包含操作体验、能引起兴趣、过程轻松愉快。教师在设计教学活动时，应充分运用游戏的特点，激发儿童的学习兴趣，调动儿童活动的积极性，以取得良好的教学效果。

教师在教学中运用游戏方法的实质是游戏化的教学活动，与平时的游戏活动有所不同，其目的在于完成一定的教学任务，按照预定的计划进行。通过游戏方式，使儿童饶有兴趣、积极主动、轻松愉快地进行学习。在教学中经常运用的有智力游戏、听说游戏、音乐游戏和体育游戏。智力游戏的主要作用是通过一些有趣的故事、图片或动作来激发儿童的感知、记忆、分析、推理等活动，以帮助儿童获得或复习巩固已学的知识、技能，发展语言，学习"数"概念，进行智力活动，一般用于语言、科学和数学活动。体育游戏为练习各种基本动作服务，音乐游戏的作用在于训练听觉能力、培养儿童的音乐能力和兴趣。

游戏式的教学活动可以组织全体儿童进行，也可以是小组和个别的活动。在运用时，还要和其他教学方法结合使用。

在教学活动中，各班运用游戏的分量应有所不同，对年幼的小班儿童，可以较多地以游戏方法进行教学。随着儿童年龄的增长、知识经验的日益丰富，语言和智力的发展，在大班采用游戏的方法应相对减少，而增多讲解、讨论，以利于过渡到符号学习。

（四）探索发现法

探索发现法就是在教学活动中引导儿童通过自身主动对事物、现象的探索，从而发现事物的特点、属性和相互关系的方法。美国心理学家布鲁纳倡导发现法，他认为发现不限于那种寻求人类尚未知晓之事物的行为，发现包含着用自己的头脑获得知识的一切形式。也就是说发现法不同于一般意义上对未知事物的发明、发现和创造，主要在于发挥学习者的主动性，使之在学习过程中，通过亲身的探索，对人类已有的知识和经验重新发现和吸取的过程。对于儿童来说，就是在教师的引导和支持下，通过感知、操作和探索，发现事物的属性、特点和事物之间的关系，学习解决问题。教师主要是从旁鼓励和支持。探索发现法符合儿童身心发展的水平和需求，是幼儿园教学活动的重要方法。

探索发现法容易引起儿童的兴趣和激发儿童的内部学习动机，有益于儿童的主动性、积极性的发挥，也有利于儿童智力、创造性、自主性和自信心的发展。教师要为运用探索发现法创造学习环境和物质条件，给儿童充分的活动时间，教儿童一些发现学习的方法，听取儿童在活动过程中的想法和问题，及时给予指导和帮助，鼓励儿童相互间合作和交流并进行必要的总结或评价，支持儿童再探索的愿望。一切不信任儿童能有所发现，或袖手旁观、放弃指导、放任自流都是不可取的。

（五）讲解谈论法

讲解谈论法就是在教学活动中教师与儿童、儿童与儿童通过讲解、谈话、讨论的方式来进行教学活动。口语是人们互动和相互交往的主要媒介，教师通过讲解为儿童提供信息，解释事物和现象，进行提问、启发，做出必要的指示以及进行评价等，以帮助儿童获得知识经验、促进智力发展，纠正品德行为。儿童也通过谈话、提问、讨论的方式进行学习，这是教学活动中不可缺少的方法。

1. 讲解

讲解是教师通过口语向儿童陈述或解释某种事物的一种方法。讲解法很少单独使用,要与多种教学方法紧密结合,才能发挥其作用。通过讲解可以使儿童知道教学的目的,理解教学内容,懂得是什么、做什么、怎么做。因此,它是儿童学习新的知识技能,巩固已有的知识技能,进行道德品质教育不可缺少的一种教学方法。

教师在使用讲解方法时,要考虑儿童原有水平和针对性,语言要清晰、生动、形象而富有感情,易于听懂,方能引起儿童的兴趣,必要时可重复讲解。

2. 谈话、讨论法

谈话、讨论法就是教师与儿童的互动、对话和交流,体现教师与儿童之间民主、平等最明显的一种方法。谈话或讨论的主题可以由教师提出,也可由儿童提出,大家共同讨论。它易于激发儿童兴趣,可活跃儿童的思维,启发学习,主要通过引导儿童回忆已有的经验和知识,帮助儿童把零星的知识系统化,也有利于儿童获得知识和发展智力,培养语言表达能力和语言习惯。

第四节　幼儿园教学活动的过程、环境和组织形式

一、幼儿园教学活动的过程

幼儿园教学活动的过程是教师的"教"与儿童的"学"对立统一的过程,也是教师与儿童的交往和相互作用的过程。

随着哲学、心理学、教育、教学理论和实践的发展,教育界对教学过程中教师与儿童关系的认识也发生了变化。

哲学认识论由"主客二元论"发展到"关系认识论",即过去认为"人与自然的关系是控制与被控制,支配与被接受关系",这是"宇宙二元论"。而"关系认识论"认为:人与自然界的关系,不再是主体控制或改变客体的关系,而是"共生""互根"的关系。人与人的关系也不再是等级关系,统治与被统治的关系,而是"交互主体性"的民主关系。由此,在教学过程中

教师与学生的定位也发生了变化。教师不再是绝对的"权威"或"统治者"，或围绕学生转的"追随者"，学生也不再是被动接受或自由的"小太阳"，在教学过程中教师和儿童成为"交互主体性"的民主关系。

（一）教学活动过程的作用

教学活动过程是幼儿园教学的重要环节。诸多心理学家、教育家都认为教学过程在儿童学习和发展中起着重要的作用。

一是在教学活动过程中，儿童在教师指导和帮助下，与周围世界（物体、人）相互作用，主动建构自然的、社会的经验性知识，同时学习必要的粗浅的民族文化知识和文明行为。

二是在教学活动过程中，儿童学习"学习的方法"并发展观察、注意、记忆和思维能力。在活动过程中儿童不仅获得了知识，还学习如何获得知识，如何与同伴一起获得知识，等等。

三是在教学活动过程中，可以使儿童感受到自己的能力，成为一个真正"我能做""我会做""我要做"的学习小主人，增强了自主性、自信心和积极性。

总之，在合理展开的教学活动过程中，儿童可以获得关于自然与社会的经验和知识，还可获得学习的方法和技能以及相关的情感和态度，并相互作用、相互促进、共同发展。

（二）幼儿园教学活动过程的基本因素

在教学活动过程中，教师以特定的教学内容、教学手段、教学方法和教学环境为中介，与儿童相互作用，促进儿童学习与发展。教师、儿童、教学内容及教学手段、方法、环境成为教学活动过程中相互联系、不可缺少的基本因素。

1. 儿童是学习的主体

儿童应在教学活动过程中成为主动的学习者，这是教学活动过程成败的基本因素。作为学习的主体，儿童已有的认知发展水平和知识经验，以及是否处于学习的最佳状态，如儿童的内部动机，对学习的兴趣、需要、主动性、积极性等是否可以调动起来，都关系到教学内容能否转化为儿童自己的知识经验、技能和能力,能否积极影响儿童的情感、品德和行为习惯,使个体得到相应的发展。

2. 教师是学习的指导者

教师是教学活动过程的组织者,儿童学习的指导者、帮助者、参与者,也是教学活动过程中的主体。在教学活动过程中,教师扮演重要的角色,自始至终都发挥着指导(直接和间接)的重要作用。但在不同形式的教学活动中,教师必须以人为本,把儿童作为一个独立的人,尊重学习者的权利、感情、意见和个性。

3. 适宜的教学内容和手段

教学内容(教材):这是儿童学习的主要原料,促进儿童发展的中介,也是不可缺少的基本因素。教学内容(教材)应是多方面的,可以促进儿童体、智、德、美的全面和谐发展。教师应采用适宜的教育教学方式,无论是分领域来学习,还是把所有的内容整合起来进行,教学活动的内容都应既能引起儿童的兴趣,又能激发其内在的学习动机;既是儿童发展所必需的,又是生活化的;既能使儿童适应现实生活,又为入小学奠定基础;能够促进儿童身心和谐发展和独立性、创造性和自信心的形成。

教学手段:它包括教学情境、教具、儿童操作材料、电化教学、教学方法等,它们是教学过程中不可缺少的因素。借助于情景、图片、幻灯等直观教具和生动形象的实物材料以及符合教学内容的情境设置对于处于直觉行动思维和表象思维阶段的儿童都是至关重要的。

二、幼儿园教学活动的环境

(一) 环境的内涵

环境是指以人类为主体的外部世界,即人类赖以生存和发展的物质条件的综合体,包括自然环境和社会环境。

自然环境是直接或间接影响人类的一切自然形成的物质及其能量的总体,包括阳光、大气、水、土壤和生物,都是自然环境的要素。

社会环境是指人类在自然环境的基础上,通过长期有意识的社会劳动所创造的人工环境。它是人类物质文明和精神文明发展的标志。

幼儿园教学活动的环境是受一定的文化、教育观念的影响所组织的一种动态的教育、教学空间或场所。它既是物质的，又是精神的；既是开放的，又是封闭的；具有保育和教育意义，包括物质环境和心理环境。

心理环境是由成人和儿童、儿童和儿童之间的关系所形成的环境气象。它看不见、摸不着，但渗透于幼儿园的每个角落，体现为人与人之间的关爱、温情、亲密、和谐等，在这样的环境里，儿童感受到被爱、被接受、被尊重，产生相互信赖、安全感和舒畅的心情。没有心理压力，儿童就感到轻松愉快、放心地集中于学习活动，尽情地与人交往，自在地探索周围世界，接触物质材料，充分地与人和物相互作用，在原有的经验基础上，不断地产生、发展新经验（知识的、道德的）以及文明行为。

为儿童提供良好的心理环境，教师是关键。教师要关爱儿童，尊重儿童的人格，建立民主的师幼关系；以平等的态度，支持和参与儿童的各项活动，耐心倾听儿童的心声，满足儿童的兴趣和合理需要；理解和宽容儿童无意发生的过失，对于儿童不良行为，要善意疏导，不挖苦，不训斥，不压制，和儿童和谐相处。

物质环境是室内外儿童活动的场地、设备、材料，以及人们身处的自然物质世界。

心理环境和物质环境都直接影响教学活动的顺利开展和儿童身心的正常发展。因此，创造和谐的心理环境和提供丰富的物质材料，适宜的活动空间，对于师幼之间、儿童之间、儿童与物质材料之间的相互作用是至关重要的。

（二）创设良好活动环境的目的和要求

创设良好活动环境的目的在于组织和吸引儿童参与活动，给予儿童体力、智力、社会性、情感等全方位的信息刺激，使儿童积极与环境、材料相互作用，在活动过程中，得到各方面的经验和情绪体验，促进身心和谐、健康地发展。

(三）活动室的设置

活动室是幼儿园进行教育和教学活动的主要场所。它的宽敞度、照明度、空气新鲜度等直接影响儿童的身体健康、经验的建构、良好品德与行为的形成和发展，关系到教育、教学活动的顺利开展。

国家教育委员会、建设部1988年7月14日颁布的《城市幼儿园建筑面积定额（试行）》规定：幼儿园活动室"每班一间，使用面积90平方米，供开展游戏、各种活动以及儿童午睡、进餐之用。如卧室与活动室分设面积不宜少于54平方米"。有研究表明，平均每个儿童的室内活动场地小于2.3平方米就处于拥挤状态。这样，儿童就不能自如接触交往，容易产生碰撞、争吵、烦躁不安等现象，影响集体或分散教学活动的实施。

三、幼儿园教学活动的组织形式

幼儿园的教学活动除了讲究教学内容和教学方法之外，还应慎重考虑教学活动的形式。幼儿园的教学活动形式从教师组织的角度来分，可分为全班的集体教学活动、小组活动和个别活动三种。如果从儿童学习的角度来分，可以分为正式的结构化活动（上课）、非正式的活动和自然的活动三种。这里我们采用前一种分法来进行陈述。

（一）集体教学活动

集体教学活动是由教师有计划、有目的地组织全班或一部分儿童进行的教学活动。它面向全体儿童，保证每个儿童在同一时间内学习相同的知识和技能，使儿童在与同伴的互动过程中，相互交流、启发，共享学习成果，并能体验到集体情境中共同学习的快乐，培养儿童的自制力。这种方式可以较集中和较快地实现教育、教学任务，相对节省人力，对于我国儿童多，教师少的情况，是一种适合国情、高效率的活动形式，现在还被广泛地采用。但是，由于班级的儿童较多，这种教学活动形式很难照顾到每个儿童的水平和差异，也难以保证足够的材料、时间和空间来让儿童进行充分和自主的操作和体验活动。为此，教师需要利用小组活动、个别活动来加以补偿，甚至延伸到分散的游戏和自选活动中。

（二）小组活动

这是儿童人数比较少的教学活动，教师比较容易实现全面照顾，对儿童进行较为细致的指导。较少儿童面对教师，他们有了更多的操作和说话的机会，也更容易集中注意力。小组活动可以作为集体教学活动的一个环节，进行相同的教学活动。例如，要对儿童进行某种科学或数学内容的教学，教师可以在集体教学中先做大致的引导、讲述或演示，激发起儿童的兴趣，然后提供多种材料让儿童以小组的形式进行操作体验或探索发现，然后再集中起来，彼此进行交流总结。小组活动也可以作为主要的教学活动形式，进行不同内容的教学。例如，教师与儿童共同商议出若干个希望探讨的动物特点或为开展小超市的活动做若干准备，以此为基础分组活动。儿童可以按兴趣参加不同的小组，在小组活动中充分发挥自身的主动性和创造性，最后对小组活动的成果进行展示、讲解和评价。教师为儿童创设宽松的、和谐的环境气氛，提供各种活动设备和丰富的物质材料，指导、支持和帮助儿童的活动。

（三）个别活动

个别活动可以让教师充分考虑儿童的兴趣、能力、水平来进行有针对性的指导。在集体活动和小组活动之余，教师应该在儿童游戏和自选活动的时间，有意识地选择一些在集体活动中表现稍差的儿童，对他们进行一些个别指导，着重了解孩子落后症结在何处，让孩子建立对教师的信任和亲近感。教师可以针对儿童的问题提供一些相应的练习和操作，以帮助儿童丰富经验，建立自信和学习的兴趣。在活动中，要允许儿童按照自己的意愿，从自己的水平出发，选择活动内容，自己决定活动的时间。教师给予必要的指导和启发，活动区是这种教学活动开展的好地方。

第七章　学前教育衔接

第一节　幼儿园与家庭教育的合作与衔接

进入幼儿园是幼儿第一次从时间和空间上脱离家庭环境和熟悉的亲人，开始与其他同龄的孩子一起生活。与家庭相比，幼儿园无论是生活环节的安排，还是教育内容和行为要求都有所不同，所以，要求幼儿从心理上、生理上都要进行相应的调整，较快地适应幼儿园的生活。家长需要为孩子做好入园的心理准备和能力准备，帮助孩子较好地适应幼儿园生活。这种衔接既有幼儿园的责任，也有家长的责任。具体来说，家长应该从心理准备、习惯和能力准备两个方面对孩子进行相应的引导。

一、心理准备

（一）帮助孩子了解幼儿园的生活，激发其对幼儿园生活的兴趣

幼儿之所以在刚刚进入幼儿园时会有种种不适应，其中一个重要的原因就是幼儿脱离了原有的熟悉的生活环境，种种的不习惯和前所未有的生活体验，使幼儿产生了心理上的陌生感，进而缺乏安全感。

家长需要让孩子提前了解幼儿园，激发孩子对幼儿园的兴趣。家长可以带孩子参观附近的幼儿园，让孩子知道幼儿园是个有趣的地方，有一起玩耍的同伴、好玩的玩具、有趣的游戏。在日常的生活中，家长也可以有意识地引导孩子与已经进入幼儿园的孩子一起玩耍，让孩子在玩耍的过程中了解哥哥姐姐在幼儿园中学到的知识技能，以此激发孩子上幼儿园的兴趣。幼儿园可以通过提前家访、邀请孩子来园熟悉环境等方法，让孩子和教师有一种亲近感，消除孩子的紧张心理，缓解他们的不适应感。

（二）正视孩子的入园不适应，帮助其克服心理紧张感

幼儿在刚刚进入幼儿园时，大多会有一些焦虑性的情绪行为表现，如苦恼、不愿父母离开等。对幼儿这种不适应，无论是家长还是教师都应持一种理解的态度。

要缓解孩子的这种焦虑，家长需要做的是理解包容孩子的情感表达需要，同时可以明确地告诉孩子并不需要一直待在幼儿园，在什么时间会来接他回家。幼儿园需要为幼儿提供一个可预期的、充满安全感的环境，多组织幼儿参与其感兴趣的、丰富多彩的活动，为幼儿提供交往、表现、分享的机会，使幼儿能够对周围的环境和人感兴趣，对幼儿园产生归属感。教师应让幼儿感受到他在幼儿园里是受人关注、讨人喜欢的，进而体会到幼儿园生活的快乐，与幼儿园的同伴、教师产生新的情感连接。

二、习惯和能力准备

对于幼儿而言，幼儿园的生活不仅意味着环境的变化，也意味着对其行为习惯和生活能力提出了不同的要求，家长要帮助孩子做好进入幼儿园的习惯和能力准备。

（一）养成孩子良好的生活习惯和规则意识

对于幼儿而言，幼儿园与家庭的一个显著不同是行为规则方面的变化。在家庭生活中，只要幼儿的安全有基本的保障，家长就不会对孩子的行为有过细的要求，幼儿大都具有一定范围的活动自由，他们可以按自己的方式进行活动，具有在活动时间、活动方式和活动内容等方面的选择自由。但在幼儿园中，大多是集体行动，一定的行为规则和要求不可缺少，因此，教师不可能使每个幼儿的所有需要都得到满足。另外，家庭中的行为规则相对比较灵活，幼儿在家庭中比较随便；但幼儿园集体生活对行为有着具体明确的要求，幼儿必须要遵守这些制度、规范。幼儿开始往往不懂得幼儿园的纪律要求，也不懂得遵守集体规则。尤其是现在的孩子在家庭中受到的关注过多，在幼儿园中很容易表现出事事以自我为中心，家长应积极和教师合作，共同采取有效的应对措施，使家园教育有机结合，帮助孩子顺利度过这个重要的适应期。

家长需要在孩子入园前就着手培养其良好的生活习惯和行为规范，同时帮助孩子理解、遵守规则。教师则需要通过不断地训练和反复要求使幼儿理解这些规则的意义，并对其行为进行训练。在行为习惯的培养过程中，家长要言传身教，对孩子进行指导，明确告诉孩子应该做什么、不应该做什么，应该怎样做、不应该怎样做。要培养孩子良好的行为习惯，家庭也可以像幼儿园一样，家长也要适当地运用表扬与批评、奖励与处罚等强化手段。家长还需要利用接送孩子的机会，多与教师交流、沟通，了解幼儿园近期的行为培养计划、教育内容和教学要求；在家里注重营造良好的家庭氛围，创设情景，时时处处注意引导、培养孩子的良好习惯，使其尽早适应幼儿园的规则要求。

（二）培养孩子的生活自理能力

培养生活自理能力是学前教育的重要内容。幼儿自己吃饭、穿衣、叠被子、系鞋带等是一系列动作的组合，能使幼儿双手协调活动，同时促进智力的发展，这些也是幼儿进入幼儿园之后必须掌握的一些基本生活技能。如果在家庭生活中，家长不注意培养孩子的生活自理能力，剥夺孩子锻炼的机会，会使孩子缺乏自己的事情自己做的意识，各种相关的能力也会滞后发展。这样不仅使孩子很难适应幼儿园的生活，对孩子今后的发展也不利。因此，在入园之前，家长就应主动培养孩子的生活自理能力，让其掌握一些基本的生活技能，这样孩子在入园之后既能够顺应教师的教育要求，同时也更容易对自我产生肯定性的认知。

家庭是幼儿生活的第一个场所，而幼儿园是其进入的第一个正式的教育机构。家庭和幼儿园作为不同的教育主体，在教育上各自有着不可取代的优势，也有着各自的功能阈限，它们之间只有优势互补才能更好地形成合力，促进幼儿的发展。从空间的维度来看，幼儿园和家庭是幼儿生活的两个最主要也是最重要的场所，它们之间的互动配合对幼儿的全面发展有着非常重要的意义。从时间的维度来看，幼儿入园适应、幼儿在园的学习生活、幼小衔接，在不同阶段幼儿能够顺利适应发展要求都与家园之间良好的合作相关。从教师的角度，如何做好家长工作，让家园之间形成合力也是专业能力的重要体现。因此，教师需要了解家长的多样性，理解家长的心态，掌握各种家园沟通的方式，善用各种工具平台做好与家庭的合作与衔接。

第二节 幼儿园与社区的教育合作

一、幼儿园与社区合作的意义

社区和幼儿园之间需要密切沟通、联系，利用各自的优势，共同促进幼儿的发展。社区的教育资源有有形和无形之分，有形的教育资源包括人力、物力、财力、信息、组织等。无形的教育资源包括社区意识、社区归属感、良好的社区氛围、社区互助的伦理规范等。这些有形或无形的资源，如果能够被幼儿园充分利用，无疑将在很大程度上促进幼儿的发展。

(一) 利用社区的物质资源和文化资源，提升幼儿园的教育质量

社区不仅是一个居住的区域，还是一个有着丰富物质环境和文化资源的载体。社区如果能够对幼儿园开放其具备的资源，无疑将大大拓展幼儿园教育的广度和深度。维果茨基认为，个体社会交往的质量会在很大程度上影响幼儿的发展，知识是通过社会情境中的交流形成的，具有社会性。社会情境中的交往与合作对幼儿的学习是十分有意义的。因此，把幼儿带入社区，让幼儿在社会情境中感知、学习，并且获得经验，是一种社会情境学习，绝不是简单的否定或者替代，而是更进一步的资源整合。各种社会服务机构以及工作人员都是对幼儿进行教育的可利用资源。教师应该及时地去发现、去挖掘、去利用，有目的地选择幼儿感兴趣的题材，适时地把幼儿从"课堂中"带到"社会情境中"来。

从物质条件来看，社区的自然环境可以成为幼儿探索自然、接触自然最好的环境，而社区内的各种硬件设施则能够对幼儿园教育提供一些保障。如社区图书馆的开放，既可以帮助幼儿认识图书馆的功能，也可以大大丰富幼儿的阅读资料。社区内的各种设施，如邮局、医院、菜场等可以扩展幼儿对社会环境的认知。从精神文化资源来看，社区的历史和文化、人物都可以成为丰富幼儿学习经验的有效途径。社区内从事各种职业的人们，社区内人们之间的相互关系，都可以演变成幼儿园的课程资源。如进行"各行各业的人们"这个主题时，教师可以邀请社区里从事各种不同职业的人到幼儿园为幼儿进行演示，解答幼儿的问题；开展"尊重老人"这个主题活动时，教师可以让幼儿结伴到认识的爷爷奶奶家做客，和爷爷奶奶聊聊天。这些活动拓展了幼儿的生活空间，丰富了幼儿的生活体验，在一定程度上提升了幼儿园的教育质量。

（二）幼儿园发挥自身优势，提升社区居民的学前教育意识和水平

幼儿园是专门的教育机构，具有很多教育优势，其教育环境是经过精心设计的，集中了受过专业训练的教师，同时具备专门的教育资源。幼儿园作为社区内的教育机构也应该发挥自身优势，为提升社区的物质环境和精神环境贡献力量。如开放自身的教育资源供社区使用，提高教育资源的利用率；利用场地和教师队伍举办家长培训班，普及学前教育的一些基本知识，提升社区内家长的教育素养；节假日向社区内的家庭开放活动设施，既让家长享受到幼儿园的资源，也促进社区内家庭之间的交往互动；支持和参与社区的友谊活动，使幼儿园成为丰富社区文化的重要推手，推动整个社区文化教育素质的提高，提升社区居民的学前教育意识和水平。

二、幼儿园与社区合作的方式

（一）与社区保持密切的沟通和联系，获得其对幼儿园教育工作的支持

幼儿园如果要利用社区的各种资源，就需要获得社区居委会的支持，因此幼儿园的管理者与社区居委会保持密切的沟通和联系是非常必要的，如向社区宣传幼儿园的办园方式和教育方法，使其理解自身的教育理念；将自己需要社区开放的机构和时间提前告知，并提出相应的配合要求。

（二）教师充分利用社区的教育资源

社区中聚集了从事各种职业的人，这为幼儿园提供了丰富的教育资源。幼儿园可以根据每个班级幼儿家长的不同情况，充分利用家长的职业资源，为幼儿园课程的开展提供帮助。如在进行交通规则的教育时，请担任交通警察的家长为幼儿讲解示范交通规则；在进行防火教育时，请担任消防员的家长协助幼儿进行消防演练等。这既能引发幼儿的学习兴趣，也起到了促进家园沟通的效果。

（三）邀请家长共同参与幼儿园与社区的互动

幼儿园组织一些活动，尤其是实践性比较强的活动时可以邀请家长参与，如组织幼儿参观加油站。由于出入加油站的车辆较多，对幼儿来说具有一定的危险性。参观时有家长在旁，既保证了幼儿的安全，又能让幼儿对加油站的各项设施进行更细致的观察。家长参与幼儿园的社区活动既能更深入了解幼儿园的教育理念，也能促进社区人际沟通。

第三节　幼儿园与小学教育的衔接

一、幼小衔接的重要性

以往的理论证明，不同教育阶段之间的衔接非常重要，如皮亚杰的认知发展理论发现个体的认知发展具有阶段性；埃里克森的人格发展理论不仅划分出人格发展的阶段，还特别指出每一阶段的冲突是否能够得到良好的解决，不仅对本阶段有影响，还会影响个体以后各阶段的发展。由此可见，个体身心发展既具有阶段性又具有连续性，是一个对立统一的过程。幼儿与小学生有很大的差别，前者以形象思维为主，心理活动具有随意性，各种能力没有明显的分化，以游戏为主要活动；后者的思维开始由形象思维向抽象思维过渡，心理活动的有意性增强，各种能力有了一定程度的分化，学习是其主要的活动。但是，学前阶段和小学阶段又是紧密联系的，幼儿和小学生的身心特征有一定的相似性，正如埃里克森指出的，前一阶段的发展状况对后一阶段有很明显的影响。

顺利完成幼小衔接符合幼儿自身发展的愿望。首先，幼儿生理的发展已经达到了入小学的基本要求；其次，从幼儿自身心理来讲，幼儿对小学生活是非常向往的，它的新奇性很符合幼儿的探索心理；另外，成为一名小学生是长大了的表现，因此幼儿具有这种发展的愿望，并期待获得社会的承认，教师应当充分利用幼儿发展的愿望，帮他们顺利地完成过渡。

幼小衔接是幼儿成长过程中需要经历的一次重大转折，适应幼儿发展的需要，可以满足幼儿希望长大、寻求发展的愿望，还可以为其今后的学习、生活的顺利进行奠定良好的基础，对幼儿个体知识、能力、态度的发展，乃至人格的养成都具有重要的意义。另外，随着时代的发展，教育在社会中的作用越来越重要，幼小衔接作为基础教育的重要一环，受到了更多的重视，因而做好幼小衔接工作是适应当代教育发展趋势的，不仅是发达国家，许多发展中国家也在这方面进行了有益的尝试。

二、幼儿园与小学的差异

调查表明，有许多小学新生对小学的学习生活不适应，普遍感到上课时间长，作业多，心理压力大，精神负担重；部分小学新生还出现身体疲劳、睡眠不足、食欲不振、体重下降等身体反应；不少小学新生学业失败率高，课堂违规行为多，自信心受挫，留恋幼儿园的生活，产生厌学情绪。

小学新生的不适应很大程度上源于对小学和幼儿园之间差异的不适应，要做好幼小衔接工作，首先要了解小学生和幼儿的差别及小学和幼儿园的差别。幼儿园与小学的差别是由幼儿与小学生的差别决定的。幼儿总体上处于直觉行动思维阶段，他们的学习主要是具体的、感性的和行动性的，是与体验、操作、交往及表达联系在一起的，幼儿的学习离不开具体的材料和情境，符号不是幼儿学习的主要媒介。小学生的抽象水平不断提高，逐步脱离直觉行动思维，书面符号是学习的主要中介，以实物操作为主的感性学习逐步过渡到以符号为主的抽象学习。这些特点决定了幼儿园和小学必然有差异。

（一）生活环境不同

幼儿园兼有保育和教育的责任，学习、生活设施相对集中，活动室、餐厅、休息室等紧密相连，给幼儿活动和学习带来很大的方便。每个班级都有比较固定、宽敞的活动场所，这让幼儿能够明确自己的活动区域，并且可以相对自由地活动。而小学整个校园的场地和设施是全体学生共用的，这使得小学新生很难适应，有的甚至找不到自己的教室；另外，小学里的活动设施相对有限，这使小学新生不能像原来一样充分、自由地活动，从而影响其心态，一定程度上对小学生活产生排斥。

（二）人际关系不同

幼儿进入小学，除了生活、学习环境的巨大变化外，人际关系也发生了很大的变化。首先，师生关系不同。《幼儿园教育指导纲要（试行）》明确指出："教师应成为幼儿学习活动的支持者、合作者、引导者。"幼儿园的师生比大，在学习、游戏等活动中，教师与幼儿有更多的交流机会；在日常生活中，教师可以较为充分地了解每个幼儿的需要，给予关怀，关系较为融洽。而在小学里，师生比小，教师可能无法照顾到每一名学生的需要，更多的是充当教育者的角色，大多在上课时才与学生见面，许多班级事务由学生自己承担，师生之间交流较少。其次，同学（伴）间的关系也不同。幼儿园生源相对集中，幼儿的生活环境比较相似。在幼儿园中，一般一张桌子面对面地坐6个幼儿，幼儿之间交流顺畅、充分，关系较为融洽。同时，幼儿园中不存在学业竞争，同伴相处比较融洽。小学生源广，同学之间原来生活环境的差异大。在学校中，一个或两个学生一张桌子，一律面向黑板，再加上课业量的增加，同学之间交流较少。另外，由于小学有了考试等评价方式，使得学生之间存在竞争，这也使新生难以适应。

（三）角色不同

幼儿园时期，幼儿的学习有教师较充分的引导、支持，幼儿的生活有教师周到的照顾。幼儿园鼓励幼儿充分自由地进行各种活动，因而幼儿多从自身出发参与活动，并且活动的知识、技能要求较低。进入小学之后，教师在教育教学过程中要求小学生能够遵守学校的规范，鼓励自我约束。无论是课上还是课下，对小学生的活动都有限制，时刻要求小学生增强自身的自觉性。另外，小学的活动多为集体活动，小学生不能自由选择，这要求小学生要从集体的角度出发，考虑自己的言行对他人和集体的影响，小学生要学会对自己的言行负责，要能够承担一定的班级事务。

（四）教学内容、教学形式不同

在幼儿园中，为适应幼儿以形象思维为主的特点，教学内容以发展幼儿的口头语言为主，学习简单的自然、社会常识，熟悉周围环境，进行简单的艺术和体育活动，不强调系统性；在教学形式上，由于幼儿的注意力集中时间很短，所以以活动为主，教学时间短。到了小学，教学内容不再是零散的常识，变成了系统的知识和读、写、算能力的训练，重视发展小学生的书面语言和抽象思维能力，语文、数学等的课时大幅增加，小学生活动时间锐减，限制在体育课和课间；教学形式以课堂教学为主，要求小学生能够长时间集中注意力。

三、幼小衔接的原则和方法

（一）幼小衔接的原则

幼儿园与小学的差异造成幼小衔接出现了各种问题，这应当引起各方面的重视，我们要正视这些差异，采取有效的措施，减小幼儿园与小学的"坡度"。为了保证措施的正确实施，需要遵守以下原则。

1. 整体性、综合性原则

幼小衔接工作是基础教育的重要组成部分，基础教育重在发展学生的整体素质。因此，在幼小衔接过程中，要避免过分偏智的做法，应在德智体美劳多方面综合地进行这一工作。研究表明：健康的身体、积极的学习态度、浓厚的学习兴趣及求知欲、充足的自信心和自我控制能力、稳定的情绪，以及人际交往能力、独立性等，对幼儿顺利适应小学生活是至关重要的。而在现实中，小学新生的不适应往往不是知识准备上的不足，更多的是主动性、独立性、坚持性等品质以及社会适应性等方面的准备不够充分。例如，很多小学新生入学后不能很好地完成家庭作业，这就是主动性、独立性方面的问题。可见，幼小衔接不是单一的工作，而是一项系统工程，需要教师从整体上把握，促进幼儿综合素质的提升。

2. 长期性、系统性原则

首先，幼小衔接不应只在学前最后一年和小学一年级给予足够的重视，而应该在整个学前期有意识地提高幼儿的适应性，通过系统的规划、课程的安排等，使幼儿逐步具备进入小学所应有的素质；全体幼儿园教师都应有使幼儿顺利进入小学的意识，在日常活动中给予幼儿积极的影响。其次，当今社会，终身教育的理念已经深入人心，幼小衔接作为其中的重要一环，应该着眼于幼儿的长远发展，为其日后的学习、生活奠定良好的基础。

3. 平等、合作原则

幼小衔接出现问题，幼儿园与小学合作不利是一个重要的因素。尽管这两个阶段具有不同的特点和教育措施，但它们之间的联系还是很明显的，两者应该努力改变各自为政的局面，积极地寻求合作。同样，在合作中不存在谁为主导的问题，两者是平等关系，都有充分的发言权。只有这样，两类教育机构才能在充分发挥各自优势的同时实现互补，为幼儿的发展创造更好的环境，进而使他们能够顺利地完成过渡。

(二) 幼小衔接的方法

1. 幼儿园与小学加强合作，让幼儿更好地熟悉小学环境

幼儿园可以联系周边小学，适当组织幼儿尤其是大班幼儿在固定的时间进行参观，让他们对小学有一个直观的认识；还可以邀请已经入小学的学生回到幼儿园介绍小学生活，让幼儿间接地获得有关小学的信息。小学可在新生入学后以班级为单位组织新生熟悉学校的设施、各年级的安排、学校历史等，使新生知道出现问题时可以到什么地方找什么人去解决，让新生对所在小学有更深入的认识；还可以给每个新生班级分派几个高年级学生，在日常生活中帮助新生熟悉环境。总之，对环境的熟悉是幼儿适应小学的第一步，幼儿园与小学要主动合作，积极帮助幼儿顺利地走出这一步。

2. 小学教师要多与小学新生沟通

小学教师往往有较多的教学任务，一般只在课堂上才与学生交流，并且

这种交流大多是单向的，不像幼儿园教师与幼儿的交流、互动较频繁，这种变化使小学新生感到难以适应。因此，小学教师应更多地走下讲台，走出办公室，走到学生中去与他们进行多种形式的交流。教师可以蹲下来与学生进行真诚的谈话，了解学生的内心世界，让学生感觉到教师的关心；可以适当参与学生的游戏，与学生分享游戏的快乐，让他们感到教师是容易亲近的，从而拉近师生间的距离。还可以与学生一起处理班级事务，让师生关系更加融洽，使他们更好地适应班级生活。

3. 促进幼儿角色的转换，使其更好地适应"小学生"这一角色

幼儿的交流通常以自我为中心，这是个体发展的必经阶段，但这种特点并不能适应小学生活，因为教师对小学生个体的关注度大大减少。在幼儿园阶段，教师在教学和游戏中要有意识地引导幼儿更多地关注同伴的行为和感受，培养他们的合作意识。进入小学后，教师要充分利用班集体活动的机会，在积极的引导和充分的交流中让小学生明确自己在新班级中的角色。另外，通过教师的讲解和全校的活动，小学新生可以更多地了解其他年级，明确其在小学中扮演的角色。

4. 将小学一年级的课程设置、课时安排以及教学组织形式进行适当调整，缩小小学与幼儿园的"坡度"

小学一年级课程设置应适应新生好动的特点，适当减少语文、数学等的课时量，增加活动课或者兴趣班，让语数课和活动课交叉进行；在单节课的时间安排上，由于新生的注意力还不能长时间集中，授课时间适当减少5~10分钟，用以让新生做简单的游戏或唱歌，这既可以减轻小学生上课的疲劳，还可以提高他们上课的兴趣；教学组织形式也应当进行调整，在以"班级授课制"保证教学效率的同时，加入分组教学等不同的形式，让课堂更富有弹性，给新生更多面对面交流的机会。当然，这些调整是在不影响小学本身教学任务的前提下进行的，各学校需要根据自身情况进行相应的调整，在这一过程中，要充分发挥教师集体的智慧，做出最适当的调整，促进新生对小学生活的适应。

第八章 学前教师的专业发展与培养

第一节 学前教师的职业特点和作用

一、学前教师劳动的特点

学前教师从事学前教育的工作，根据教育目的和培养目标，指导幼儿开展各项活动，并且照看他们的饮食、睡眠，促进他们在身体、认知、品德和行为习惯及审美等方面的发展。学前教师的劳动和其他劳动相比，具有自身的特点。

（一）劳动对象的主动性和幼稚性

在学前教师的劳动中，儿童是劳动的对象。在学前教师对儿童施加影响的教育过程中，儿童既是"教"的客体，又是"学"的主体。儿童不是消极被动地接受教师的教育影响，而是通过自身的内部作用来主动选择和接纳外界的影响，形成自己的经验和知识结构，发展自己的思想感情。劳动对象的主动性，使学前教师的劳动比较复杂，学前教师必须了解儿童，针对每个儿童的发展水平，激发儿童的活动兴趣，使之积极投入到活动中去。教师在了解儿童的基础上，向儿童施加适当的教育影响，并需考虑儿童的反馈，调整自己教育的内容和方法。这样才能使劳动取得更好的效果。

学前教师的劳动对象不仅具有主动性，而且还具有幼稚性。学前教师劳动对象是初生至6岁前儿童。他们正在慢慢长大，开始能独立地行动，用语言表达自己的愿望和感情。他们的思维还处在具体形象的水平，知识经验还很少，许多事物还是第一次认识，许多行动还是第一次尝试。他们以孩子的眼光来看待周围一切，充满着天真、稚气。例如，有的儿童看到蝴蝶就会问蝴蝶的妈妈在哪里；吃饭时会把碗里的饭挖成一个山洞。学前教师要了解儿童，尊重儿童的兴趣和意愿，从儿童的角度出发来考虑教育的内容和方法，才能很好地引导儿童从原有的水平向前发展。由于儿童的幼稚性，他们在生命初期获得的印象比较深刻，发展的可塑性很大。他们信任、依赖教师，所以，这一时期的教育影响对儿童以后的发展具有重要作用。

（二）劳动任务的全面性和细致性

学前教师的劳动任务是要根据教育目的和培养目标，向儿童进行体、智、德、美几方面的教育，使其身心健康、活泼地成长，为入学打下基础。体育对学前儿童特别重要，教师对儿童的养护、保育，照料他们的生活是教育工作中极为重要的部分，而且要在这一过程中向儿童进行教育。保教结合是学前教师教育工作的重要特点。在托儿所和幼儿园中，学前教师要全面负责儿童的整个活动，不仅照料儿童的生活起居，饮食睡眠，指导他们进行身体锻炼，关心他们身心的健康，还要指导他们开展游戏、学习、劳动、散步等各项活动，促进他们在智力、情感、社会性等方面的发展。可以说，学前教师担负着妈妈、教师和朋友的任务。

学前教师劳动任务的全面性，还表现在关心本班的全体儿童，针对他们不同的个性，爱护和引导他们，使集体中的每个儿童都能获得健康的发展。

学前教师劳动任务又是十分细致的。儿童独立生活能力较差，教师要精心地照料他们的生活，如喂养婴儿，帮助儿童洗手时把袖子卷起，随时按气温和活动量为儿童增减衣服，等等。儿童知识、智能的发展，需要教师的启发和引导，激发他们对周围环境的兴趣和求知欲。儿童品德和行为习惯的形成也是在教师的具体示范、反复说明和提醒下，逐步培养起来的。儿童身体健康情况及情绪有什么微小的变化，也都是在教师细心的观察下才发现，而获得及时处理的。

（三）劳动过程的创造性

学前教师劳动的对象是全班几十个儿童，他们来自不同的家庭，入园前经历着不同的抚育和教养,他们具有不同的兴趣、爱好和性格,有着不同的发展水平。另外,因为我国幅员辽阔,地区的自然环境和社会条件的差别很大,托幼机构又有多种类型,教育的具体内容必须因时、因地制宜。

由于儿童的差异及环境条件的不同,学前教师必须针对具体情况,开展教育工作,这种劳动是一种创造性的过程。学前教师根据班级和每个儿童的特点,考虑本园的社会环境和自然环境,结合季节条件,创造性地制订本班的教育计划,选择和设计合适的教育内容和方法。在一日教育过程中,还面临一系列的问题,需要教师创造性地去处理,如晨间活动提供什么新的游戏材料,怎样增加早操的运动量。此外,还有一些随时出现的事,如天忽然下雨,或幼儿园门口停了一辆救火车等,教师都需要创造性地及时应对和处理。许多学前教师在自己创造性的教育实践中逐渐形成了自己的教育风格。

(四)劳动手段的主体性

任何劳动都需要以一定的手段,使用一定的工具,以作用于劳动对象。

学前教师的劳动手段,带有很大的主体性。儿童的学习很大一部分是通过直接模仿和感染而展开的。学前教师和儿童朝夕相处,和儿童一同活动、游戏,教师的一言一行、一举一动都是儿童的榜样,有力地熏陶、影响着儿童。在学前教育中,身教重于言教,学前教师的自身活动和言行是重要的劳动手段。

由于学前教师劳动手段的主体性,提高了对学前教师的要求。学前教师应有开朗的个性、一定的教育技能和素养、广泛的知识,而且是绘画、音乐、文学的多面手,只有具备这些能力,才能充分地发挥身教的作用。

(五)劳动周期的长期性

教育是对人施加影响的工作。学前教师培养儿童的劳动,需要经过长期的过程才能获得劳动的效果。儿童成长为社会所需要的人才,需要十几年的周期。每一个儿童在体、智、德、美几方面的发展上也是一个长期的、反复的过程。学前教师要付出长期的、大量的劳动,才可能取得一定效果。因此,学前教师劳动的周期具有长期性。

二、学前教师在教育过程中的作用

(一) 关于教师在教育过程中作用的观点

在教育过程中教师起着什么样的作用？这是一个教育理论中的重要问题。对教师作用的看法是和对儿童的看法相联系的，对儿童是怎样发展、怎样学习的，有种种不同看法和理论，其中有两种明显不同的理论，曾引起过长期的争论，对当前也仍有一定的影响。一种是儿童中心理论，这种理论认为儿童的发展是一种自然的过程，或是由天然禀赋决定，或是由成熟性决定。教师的作用只在于引起儿童的兴趣，满足儿童的需要。儿童是太阳，教师要围绕着儿童转，但不应对儿童多加干涉，否则对儿童发展不利。另一种理论强调教师的作用，认为儿童的行为是由外部刺激所决定的，通过外部的决定和强化可以改变儿童的行为。教师根据既定的目标、方法、步骤，计划好课程，创造一种环境，提供适当的活动，对所期望的行为给予奖励和支持，对不适当的行为给予负强化，通过直接指导和控制影响儿童的发展。在教育过程中，教师起舵手的作用，处在中心地位。

(二) 如何正确认识教师在教育过程中的作用

我们认为，在教育过程中，学前教师起着指导作用，教师的指导作用是和儿童的主动性相结合的。

1. 儿童的发展是由先天因素和后天因素互相作用，通过自身主动活动实现的

从儿童的发展来看，儿童的发展既不是先天禀赋决定的，也不完全受后天的环境、教育等外力控制。儿童的发展是由先天因素和后天因素互相作用的结果，环境和教育在儿童发展上起着重要的作用。儿童是主动发展的，他们有自己的意愿和需要，按着自己发展的基础、水平和速度，通过自身的主动活动来发展的，不是被动地接受外界影响。

2. 学前教师在教育过程起着重要的指导作用

从学前教育的规律来看，学前教育是一种社会实践活动，按一定社会的要求，培养下一代成为社会所需要的人。学前教师是学前教育的实施者，根

据我国教育目的和幼儿园教育任务教育幼儿,全面负责本班儿童的教养工作。儿童的饮食起居由教师细心照顾;儿童智力的发展和知识的增长,是在教师的启发引导下进行;儿童的品德、行为习惯受着教师的直接培养和长期熏陶;儿童的兴趣、爱好及情感和性格也都留下教师的印记。在一日生活日程里,学前教师和儿童共同活动,共同游戏。年幼的儿童可塑性较大,最初留下的印象也是最深刻的,而且有着长远的影响。学前教师是儿童认知发展和社会化的指导者,生活起居的保育者,身心健康的护理者,游戏的参谋和同伴,对儿童的发展起着十分重要的作用。

但是,儿童是在儿童动员自身的力量中不断活动着并发展着的,外部的各种因素必须通过活动被接纳、消化而起作用。内部因素是儿童发展的依据,儿童的发展正是这种内部因素和外部因素相互转化与相互作用的结果。学前教师的作用也只有在充分调动儿童的主动性,激发儿童的内部动机时,才能实现。调动儿童的主动性是学前教师发挥教育作用的前提。

学前教师不仅在促进儿童发展上起着重要作用,而且要和家长密切联系,交流学前教育的知识和经验,向家长传递教育的新信息,帮助家长教育好儿童,提高家庭教育质量。同时学前教师还要向社会宣传学前教育的重要意义和正确的教育儿童的方法,为各界人士提供学前教育的咨询,在我国精神文明建设和教育领域中发挥重要的作用。

第二节 学前教师的专业素养结构

一、学前教师的职业道德素养

教师担负着教育人的工作,其职业道德问题一直是教师培训的重要方面,德才兼备历来作为考核教师的基本标准。

(一)热爱学前教育事业

学前教育事业是我国教育事业的重要组成部分,是基础教育的基础,对人才培养的质量及其未来发展有重大的影响。学前教师只有对学前教育工作有正确而深刻的认识，才会热爱学前教育事业，有光荣感、自豪感和责任感，愿以自己的青春和毕生的精力为学前教育事业贡献力量。无数优秀学前教师的经验表明，他们在学前教育工作中做出成绩，动力主要来自对学前教育事业的热爱。他们勤勤恳恳、不辞劳苦，不怕麻烦，不计时间，不计报酬，克服种种困难，日复一日，耕耘在学前教育园地里，为教育改革和提高教育质量做出了成绩，把儿童的健康成长，作为自己辛勤劳动的最高报酬，具有对学前教育事业的献身精神。

热爱学前教育事业，为学前教育事业献身，是学前教师为人民服务、集体主义、爱国主义的思想品质在自己工作岗位上的具体表现。热爱学前教育事业是学前教师职业道德的基础和前提。

（二）爱护儿童，尊重儿童

教师对儿童的爱，在儿童的成长中占重要地位。现代心理学研究表明：儿童是在人与人的交往中成长的，成人的爱抚对幼小儿童身心的健康发展十分重要。他们不仅需要成人生活上的照料和教育，而且需要成人的爱。儿童在家庭中，主要与父母交往，父母对儿童的爱，使儿童感到安全、满足，为儿童主动和创造性的活动提供了前提。儿童进入托幼机构以后，在一天当中有大部分时间和教师相处，他期待着教师亲近他、关心他，渴望教师的帮助和爱护，把教师当作最可依恋和信赖的人。

学前教师爱护儿童，是做好学前教育工作的重要条件。要教育好儿童，首先要爱儿童。苏霍姆林斯基认为：教育技巧的全部奥秘也就在于如何爱护儿童。培养和教育儿童是长期的、复杂细致的工作，只有真诚地爱护儿童，才能了解和亲近儿童，才能采取适当的教育内容和方法，调动儿童的积极性。儿童才会信赖教师，依恋教师，愿意听教师的话。爱是儿童和教师心灵之间的通道，是打开儿童心智的钥匙。教师爱护儿童，才能取得良好的教育效果。

（三）尊重和团结同事及家长

对儿童的教养工作，是由托幼机构集体共同进行的，没有集体的共同劳动，学前教师个人是无法完成教育任务的。

学前教师对待同事应互相尊重，看到别人的长处，虚心学习，互相合作，互相团结。对待本班的同事更应互相关心，团结协作，步调一致，形成良好的集体氛围。应从全局出发，维护集体利益，避免因小事造成意见分歧、矛盾，甚至互相轻视等。

家长的配合是了解儿童，促进儿童健康发展，提高教育效果的重要条件。学前教师与家长的交往比中小学教师更多。联系家长是做好教育工作的需要。学前教师应尊重班上每个儿童的家长，理解他们对子女的关心、珍爱和期望的心情，与他们建立平等、诚挚的友谊，互相学习和交流教育儿童的经验，帮助他们了解儿童教育的要求和内容，解决在教育子女中的困难，并取得家长对幼儿园工作的配合与支持。

（四）不断更新知识，提高修养

学前教师本身的道德面貌、业务能力是教育儿童的主要手段，直接影响教育质量，因此，更新知识，提高修养是学前教师职业道德内容之一。学前教师的修养包括思想品德修养、学前教育专业修养及文化知识修养等方面。学前教师应以锲而不舍的精神，不断提高自己思想品德修养和业务知识技能。特别是当前科学技术发展迅速，心理学、教育学理论不断丰富和更新，教育改革正在推进的形势下，学前教师要刻苦钻研业务，勇于创新，不断总结新经验，研究新问题。学前教师还要善于把自己内部修养恰当地表现在自己的仪表和行为举止上，因为儿童对教师的仪表举止观察最细，感受最深，是教育儿童的无形力量。

二、学前教师的知识素养

（一）广博的科学文化知识、艺术知识和技能

学前教育是奠基教育，儿童对周围世界很陌生，他们渴望认识周围世界。他们对周围世界的认识是表面的、粗浅的，但却非常广泛，涉及动物、植物、生态、天文、地理、物理、化学、数学、语文、社会等各领域，而且语言、美术、音乐既是学前教育的内容，也是教育手段，同时是儿童认识世界、表达自己思想、感情的工具。因此，为了做好教育教学工作，启迪儿童的智慧、熏陶儿童的品德，学前教师必须具有广博的科学文化知识、艺术知识和技能，以便能够通过具体的手段来启发、引导和感染儿童。同时，一定的科学文化知识、艺术知识和技能对一个现代人来说，既是生活所必需的，也是提高人的文化素质、跟上科学发展步伐，以及提高专业修养所必需的。

（二）儿童生理和心理学知识

学前教师要做好教育儿童的工作，首先要认识和了解儿童，系统掌握儿童生理和儿童心理等方面的科学知识。例如：儿童身体各组织系统是怎样发展的，有哪些特点？动作发展的规律是怎样的？儿童各心理过程，感知觉、注意、记忆、想象、思维是怎样发展的？情感、意志又是怎样发展的？其规律如何？儿童生理学和心理学知识是向儿童进行教育的依据，是学前教师劳动所必需的，也是学前教师知识结构中的重要部分。如果缺乏这方面的知识，对儿童进行教育教学就会产生困难，教师的活动就难以达到预期的效果。

（三）学前教育的专门知识

学前教师若想做好自己的教育工作，必须掌握学前教育学、学前教育心理学、学前儿童卫生学、学前儿童教育指导、学前教育评价学等学前教育方面的专门知识，理解和贯彻学前教育任务，明白儿童要学些什么，怎样学，会依据儿童发展水平来促进儿童口语能力的发展，指导儿童角色游戏，培养儿童良好品德，等等。另外，为了发挥儿童家庭和社区的教育力量，学前教师还必须懂得教育社会学、教育文化学、教育人类学等方面的知识。

学前教师应具有的知识是多层次和多方面的，要在原基础上逐步加宽和加深，不断地丰富、提高和更新。

三、学前教师的专业素养

（一）观察和了解儿童的能力

每一个儿童都具有独特性。要教育儿童，首先必须要了解儿童。因此，敏锐的观察和了解儿童的能力是学前教师的基本功之一，也是教师开展教育活动的前提。学前教师要时时观察儿童，并做必要的观察记录，才能了解儿童的发展水平、兴趣、爱好和个性特点。学前教师不仅要善于对孩子的外部活动进行观察，还要善于了解儿童的心理活动，要充分利用与儿童一起生活、学习的时间或机会，通过他们的眼神、表情、动作、语言等透视其内心世界，观察到有价值的教育信息。如果教师能体察到儿童在行为、爱好、性格以及心理等方面变化的苗头，就可以把教育工作做在前头，收到较好的教育效果；如果教师没有观察了解儿童的能力，不了解儿童的要求，甚至视而不见，就会使教育教学工作陷入盲目的境地。

（二）组织管理能力

学前教师所负责的班级的儿童人数不少，而且儿童一日的活动又是丰富多样的，如游戏、学习、劳动、散步等，还包括饮食、睡眠、盥洗、如厕等活动。如何合理计划、科学安排儿童的活动，启发儿童的主动性、创造性，有效地促进儿童发展，这就需要学前教师具有一定的组织管理能力。教师的组织管理能力是搞好教育教学的保证。学前教师的组织管理能力主要包括：会制订班级教育工作计划和检查评价；善于利用各种条件和材料，为儿童创设一个优美、安全、富有童趣及教育性的学习和生活环境；组织儿童开展游戏、娱乐、学习、参观以及其他各种活动；会与同事一起开展工作以及与家长交往等。

（三）教育教学能力

教育全班儿童，促进他们在体、智、德、美等方面的发展是教师的中心工作。教师不仅要组织和安排好班上的各项活动，使一日教育活动正常运行，还应做好面对面的教育工作。学前教师的教育教养能力的高低，直接关系到教育任务能否完成以及幼儿园的办园质量。一般而言，学前教师的教育素养主要包括以下几个方面。

一是能根据《纲要》的要求和内容，结合本地区和本班实际，提出适合的教育内容，选择、运用恰当的教学方法。

二是熟悉各种玩具的性能，能运用自然物和废旧材料自制玩具，指导儿童正确使用玩具和游戏材料，开展游戏。

三是指导儿童进行操作、实验和探索，启发儿童对科学的兴趣，发展儿童的智力。

四是指导儿童进行体育和艺术活动，发展儿童的运动技能和表达自己思想感情的能力。

五是根据儿童的特点组织各种活动，增进儿童间的互相交往，培养儿童良好行为习惯和优良品德。

六是根据儿童的个别特点因材施教，培养和发展每个儿童的兴趣和爱好，学习和处理教育工作中各种问题，如个别儿童的行为问题（独占玩具、打人、鲁莽、孤僻等）、缺陷儿童教育问题、体弱儿童或有慢性病儿童问题。

（四）教育研究能力

为了提高学前教育的科学性，促进、深化教育改革和发展，学前教师还必须具有一定的教育研究能力。教育研究能力是学前教师智能结构的重要组成部分，具有重要的作用。一方面，教育研究能力是直接影响教育质量的内在因素。教育是一项极其复杂并具有高度创造性的实践活动。教育活动的水平及实践成果的质量，很大程度上取决于教师对教育内容的研究分析，使教育不断超越现有水平，向更高层次发展。另一方面，教师具有教育研究能力，还可以缩短理论与实践的距离。任何教育理论的发展都离不开教育实践，教师是教育实践的主体，要把一种教育思想、理论转化为教育实践，使它有一定的生命力和指导意义，教育研究必不可少。教师具备了教育研究素质，不仅有利于提高自己的教学能力，而且有利于提高教育效果。

学前教师应具备的教育研究能力主要表现为：敏锐地发现教育过程中存在的问题；研究与分析问题，并提出解决的方法；学习、筛选、评价运用教育研究成果；概括总结自己的教育实践经验；收集、整理、利用各种资料；掌握教育科学研究方法等。

第三节 学前教师的专业发展

一、学前教师专业发展的内涵

学前教师专业发展是指学前教师个人在专业生活中的不断成长，包括信心的增强、技能的提高,有关知识的不断更新、拓宽和深化等,是实现学前教师专业化的本质要求。

学前教师专业发展具有三方面意义:一是把学前教师视为一种专业人员。当我们把学前教师视为专业人员时,并非表示目前的教师已经具有专业水准与专业地位,而是表示学前教师应朝向专业的教育者来努力。二是把学前教师视为发展中的个体,强调学前教师通过个人的用心与努力去推动、促进、提升或改进自己的专业素养。三是把学前教师视为学习者与研究者。学前教师不仅是教人者,也是学习者,更是自我教育者和研究者。就学习者的角度而言,学前教师需要不断学习;就自我教育者而言,学前教师不能只是被动因环境的需要或法令的规定才去进修研习。每一个学前教师必须自己引导自己的专业发展,成为自己专业发展的主人。

二、学前教师专业发展的必然性

学前教师专业发展既是时代发展对教师的必然要求,也是学前教师提高自身职业生活质量的内在需求。

(一)适应学前教育发展的需要

当今社会已步入知识经济时代,知识经济的最大特点就是知识的不断创新。这种特点,使人类社会的生存发展从对自然资源的依赖转向对人类自身素质的依赖。知识经济社会呼唤人的创造性,而人的创造性的开发和培养只有通过教育才能实现。但是并非所有的教育都能完成这种使命,不适当的教育不仅不能提高人的创新意识和能力,反而会压抑它、遏制它。因此,培养"创新精神和实践能力"成为时代发展对教育的必然要求,而教师是教育工作的具体实施者,教师的质量直接影响着学生的成长质量。因此,时代的发展对教育和学前教育的要求必然引起教师角色的变化,并对教师的专业素养提出了挑战。

1. 从知识的传递者转变为儿童学习发展的支持者和促进者

传统的教育观认为教师是知识的传递者。在新的历史时期,教师的角色要从传授知识转变成为儿童的学习提供支持与帮助,成为儿童学习的支持者。

儿童在学校不仅要学习知识，丰富经验，发展能力，而且要学习做人，学习做事，学习过愉快、幸福的生活。因此，儿童的成长与发展不可能简单地通过教师教知识、儿童学知识的过程就能实现。教师不仅要成为儿童学习的支持者，更应成为儿童全面发展的促进者。

2. 从教育活动的实践者转变为教育实践的研究者

现代社会发展和教育改革要求教师成为教育实践的研究者。教师只有从教育活动的实践者、教育计划的执行者和教育方案的实施者转变为教育实践的研究者，才能成为教育改革的积极参与者和推动者，才能更好地促进儿童的发展。教师只有不断地反思自己的教育教学实践，审视自己的教育教学行为及与儿童的互动，对之进行理性的思考、分析、判断和抉择，才能不断地完善自己的教育教学，提高自己的专业能力与水平。

3. 从教学任务的完成者转向儿童教育生活的同构者

教师不仅应关注儿童当前生活的幸福与快乐，还应关注他们的未来发展，为他们未来生活奠基；关注如何与儿童一起创造温馨、美好、和谐、富有教育意义的教学活动；关注如何培养儿童具有积极健康的心理和人格品质；关注如何引导儿童奔向幸福、成功的未来美好生活。[1]

（二）提高学前教师的社会地位

一种职业的社会地位和学术声誉，主要取决于它的专业化程度。因而，每一个教师的专业发展是教师专业化的本质要求。从理论上讲，学前教师应该被视为专业人员。因为它要求教师要有系统的理论知识作为支撑；要有专门的技能作保障；要求教师以"儿童的利益高于一切"作为行动的原则；要求教师能专业自主——对于教师个人来说，意味着能够运用专业知识独立进行判断、决策；需要学前教师在教育活动的组织和实施过程中创造性地开展工作。但传统的教育中将学前教师仅仅视为"照料孩子的人"，认为学前教师的工作不具有创造性，是任何人都能做的事，这限制了教师的专业发展，

---

[1] 庞丽娟. 教师与儿童发展 [M]. 北京：北京师范大学出版社，2001：54.

严重影响了学前教师职业的社会地位和学术声誉。

(三)实现学前教师内在的生命价值

传统的学前教师角色定位,降低了学前教师工作的挑战性和创造性,使职业生活过程本身乏味、缺乏创意。学前教师的才智得不到充分的发挥,自身价值得不到充分的体现,使学前教师职业严重"失魅"。学前教师职业的内在魅力在于它是一项十分具有挑战性的工作,需要教师充分调动自己的聪明才智去研究、去思考、去创造,是一种能体验儿童成长和学前教师自身发展的欢乐的工作,也使得学前教师的生命价值在教育的过程中得以充分实现。

第四节 学前教师的培养

一、我国学前教师培训的新理念

进入新世纪以后,随着我国学前教育改革的深入。我国广大学前教师的专业发展问题被提到了前所未有的高度。教师的培训、学习、提高显得比以往任何时候都更加重要,在各地轰轰烈烈地开展起来,并实践着以下一些新理念。

(一)教育理念更新是教师培训的首要任务

新课程对教师的挑战首先是观念的冲击,走进新课程,观念必须先更新,没有教育观念上的真正转变,即使用上了新标准、新教材、新方法,也将走样、走味,一旦遇到困难或阻碍,最终必将回到老路上去。所以,在教师培训中,必须首先抓好教育观念的转变。目前,在培训中,一些教师对理论学习不感兴趣,而急于操作,结果"一听就明白,一做就不会"。观念的转变不是一朝一夕就能完成的,对于教师来说,方法指导固然重要,但比方法更重要的是思想的指导,是教育思想的引领。

(二)"以园为本"的教研是后续培训的关键

教师无论参加哪种形式的培训,都要面对从理论到实践的转换问题。要把新的理念转变为教师的教学行为，需要教师在实践中学习，不断对自己的教育教学进行研究和反思，对自己的知识与经验进行重组，才能不断适应新的变革。为此，开展"以园为本"的教学研究，是后续培训的关键。

所谓"以园为本"的教学研究，就是专家、理论工作者、教研员和教师一起以先进的教育理论为指导，对教学活动进行诊断与评价、研究与分析，经过反复的探索和实践，把新的教育理念真正变为教师的教学行为。这种"以园为本"的教学研究是提高教师能力的最为有效的办法。研究表明，教师真正的成长不仅仅在于岗前培训，也不仅仅在于教育教学过程中的脱岗培训，更不能把眼光总盯在外出学习，而应当积极提倡幼儿园即研究中心，活动室即研究室，教师即研究者。教师能力的显著提高是在教育活动中。

（三）形成在研究状态下的工作方式

除了参加培训和教研活动外，教师要增强研究意识，养成理论学习和实践反思的习惯，不断提高研究和解决教学实际问题的能力，提高课程开发和建设的能力，使日常教学工作和教学研究、教师专业成长融为一体，形成在研究状态下的工作方式。

教师的研究是立足于教学活动的研究，是教师通过自己的教育教学实践进行的研究。这种研究是从问题出发，从教师的需求出发，解决问题的过程就是教学研究的过程。而且，这种研究是一个个实际的教学活动案例的研究，围绕着一个教学活动的开始、进行、结束展开一系列的研讨。所提供的活动案例不是优秀教学活动的展示，而是活动前带着实际需要解决的问题进行活动设计，活动在探究解决问题的策略和方法的过程中进行，活动后进行反思、交流。

二、学前教师专业发展的途径

（一）各类教师教育机构与学前教师的专业发展

我国学前教师的培养工作，一般由地方教育部门举办，也鼓励企业、社会团体和个人办学或捐资助学。学前教师的培训机构主要有以下几种。

1. 幼儿师范学校或师范学校附设幼师班

幼儿师范学校是专门培养学前教师的学校，招收初中毕业的学生，学习期限为三年或四年，其目标是培养合格的幼儿园教师。20世纪80年代，我国增设了许多幼儿师范学校，但依然不能满足学前教师培养的需要。大量的学前师资培养工作是由职业高中的学前教育职业班以及师范学校附设幼师班担任。师范学校附设幼师班和职业高中所设学前教育职业班，其学习期限、培养目标和课程设置与幼儿师范学校相同。少数幼儿师范学校附设大专班招收高中毕业生，学习期限为二年，主要培养学前教育职业班教师、学前教育行政人员和幼儿园骨干教师。

经过十几年的发展，到20世纪90年代初，独立的幼儿师范学校已成为幼儿园教师队伍的主要培养机构，中等幼儿师范教育在结构、类型上更加多样化。除独立幼儿师范学校外，普通师范学校附设的幼师班和职业高中附设幼师班也得到较快发展。同时，为了提高未来的幼儿园教师的培养质量，教育部三次调整三年制幼儿师范学校的教学计划以促进幼儿园教师教育质量的提高。

2. 业余幼儿师范学校（班）

业余幼儿师范学校（班）的主要任务是解决在职学前教师的进修和提高，使其通过一定期限的业余学习，掌握较系统的学前教育理论知识和技能，达到相当于幼儿师范学校毕业生的水平。这种培养方式可以使许多在职教师有机会进修，又不耽误工作，可以边学边实践，将学习的理论知识和实际工作紧密结合起来。

此外，还有广播幼儿师范学校、函授幼儿师范学校等，其性质、任务与业余幼儿师范学校相同，以多种方式培养和提高在职学前教师。这些业余性质的幼儿师范学校大都由教育行政部门或幼儿师范学校附设，也有社会团体举办的，他们和全日制幼儿师范学校一样，都是正规办学形式，也是培养学前教育专业人才的重要途径。

3. 短期培训班

短期培训班的特点是时间短，简便易办，形式灵活，可根据当地学前教育工作的需要和培训对象的水平、特点，较集中地培训学前教师。这种培训班可以是业余学习，也可以是脱产学习；可以是职前培训，也可以是在职培训；培训内容可以是全面的，也可以是专题的，如绘画短训班，讨论学前教育改革或学前教育科研方法短训班。还可采取师徒制或去较好的幼儿园跟班见习、实习等方式，这种方式以实际操作为主，讲授为辅，简单易行。

4. 高等院校

随着中等层次幼儿园师范教育的逐渐减少，高等师范学前教育获得了较快的发展，一些综合大学也设置了学前教育专业。学前教育专业不再只为幼儿师范学校培养专业理论课教师，呈现出多样化的培养目标和课程设置。20世纪80年代初，高师学前教育专业的研究生教育开始发展，目前全国高等师范学校的学前专业已有多个硕士学位授予点。伴随着我国学前教师教育体系的结构性调整，学前教师的职前培养逐渐从短期培训和中等师范学校为主过渡到以高等专科学校、独立师范学院、师范大学学前教育系以及综合大学教育学院等高等院校为主。此外，高等院校还通过举办研究生课程班以及各类学术会议等开展在职培养工作，为学前教师的专业发展做出了很大贡献。

5. 各地教育学院和教师进修学校

全国各地的教育学院和教师进修学校主要担负着中小学教师在职培训，也担负着学前教师的在职培训任务，通过开展与教育革新相适应的在职培训，更新学前教师的教育观念和知识结构，促进其教师素养不断发展和提高。

此外，在职学前教师还可通过参加《教材教法考试合格证书》和《专业合格证书》的考试获得高等教育学历，通过参加骨干培训班、研究生课程班、学术会议、境内外进修和访问等方式提高自身的专业素养和教育教学能力。

总之，随着我国学前教育事业的发展和学前教育改革的深入，学前教师教育逐步实现了正规培养与非正规培训，职前培训和在职培训的初步结合，并正朝着多元化、高层次、高质量的方向发展，一个高水平的、完善的伴随学前教师职业生涯的培养体系正在形成。

(二)"园本培训"与学前教师的专业发展

"园本培训"作为学前教师在职专业发展的重要途径是时代发展的必然要求。一是近年来，由于幼儿园课程改革的开展，新的教育理念使得幼儿教师必须重新看待"课程",更加深入地体会幼儿园教育活动中的教师角色与儿童定位。在实现"从理念到实践"的过程中,对于教师的专业能力提出了"持续"发展的要求。二是要实现儿童的主动、活泼、健康发展,培养出具有创新精神与能力的下一代,学前教师必须改变原有的教育教学方式,不断提高自身的专业素养。三是原有的集中培训模式,固然有其优点,但也存在着针对性差、培训效果落实不到实际中去等弊端。基于此,一些学前教育专家与优秀的幼儿园教师共同提出了"园本教研""园本培训"等有关学前教师专业发展的理念与方案,目的就是为了满足幼儿园和学前教师的发展的需求,由幼儿园发起组织、立足幼儿园实际开发并进行的师资互动式培训,旨在提高幼儿园整体办学实力和教育质量,促进幼儿园的可持续发展。

与脱产进修、短期培训、日常教学实践反思、自学等相比,"园本培训"优势在于:有利于促进幼儿园自身发展,形成办园特色;有利于根据教师个人实际,确定培训内容,满足个人实际需要,培养个性,促进发展;有利于调动基层幼儿园领导和教师的积极性;有利于实现教研、科研、培训一体化;也有利于节约时间、经费和学习型组织的建设。

当然,任何事物都有两面性,"园本培训"虽然比传统方式更具灵活性、适用性与广泛性,但也存在自身难以避免的问题和局限性,比如领导重视程度不够、经费不足、培训模式单一化、培训归属不清、指导不到位、易导致幼儿园的自我封闭以及培训质量难以保证等。

需要特别指出的是,"园本培训"并不与继续教育集中培训形式相对立,也不是对它的否定,而是对继续教育集中培训形式的补充与发展。继续教育集中培训形式体现了幼儿园教育教学和科研发展的共性,让所有教师集中培训进修是基于幼儿园教育中的共性需要。例如:继续教育中的"教师职业道德修养"和"现代教育信息技术应用"等学科,是教师培训中的公共必修课,是任何时候都不能忽视的。而"园本培训"却体现了幼儿园教育教学和科研发展的个性。不同的幼儿园和学前教师有着各自发展的特殊需求,这些个性需求在共性的继续教育集中培训形式中难以得到满足,这就需要幼儿园自己通过"园本培训"的方式来加以解决。

参考文献

[1] 梁志燊. 学前教育学：第3版 [M]. 北京：北京师范大学出版社，2014.

[2] 虞永平，王春燕. 学前教育学：第2版 [M]. 北京：高等教育出版社，2022.

[3] 黄人颂. 学前教育学：第2版 [M]. 北京：人民教育出版社，2009.

[4] 刘焱. 幼儿教育概论 [M]. 北京：中国劳动社会保障出版社，2000.

[5] 刘晓东. 儿童教育新论：第2版 [M]. 南京：江苏教育出版社，2008.

[6] 步社民. 幼儿园教师成长论 [M]. 北京：新时代出版社，2005.

[7] 蔡迎旗. 学前教育概论 [M]. 武汉：华中师范大学出版社，2006.

[8] 许卓娅. 学前儿童体育 [M]. 南京：南京师范大学出版社，2003.

[9] 张奇. 儿童审美心理发展与教育 [M]. 北京：北京师范大学出版社，2000.

[10] 冯晓霞. 幼儿园课程 [M]. 北京：北京师范大学出版社，2000.

[11] 朱家雄. 幼儿园教育活动设计与实施：第2版 [M]. 北京：高等教育出版社，2015.

[12] 倪敏. 幼儿园课程与教育活动设计 [M]. 北京：中国劳动社会保障出版社，2001.

[13] 邱学青. 学前儿童游戏 [M]. 南京：江苏教育出版社，2008.

[14] 吕静，许政媛. 儿童发展心理学 [M]. 长春：吉林人民出版社，2000.

[15] 简楚英. 学前教育课程模式 [M]. 上海：华东师范大学出版社，2005.

[16] 刘晓东. 学前教育学 [M]. 南京：江苏教育出版社，2004.

［17］张燕，邢利娅．幼儿园管理案例及评析［M］．北京：北京师范大学出版社，2002．

［18］刘云艳．幼儿园教学艺术［M］．重庆：西南师范大学出版社，2001．

［19］庞丽娟．教师与儿童发展［M］．北京：北京师范大学出版社，2001．

［20］桑标．当代儿童发展心理学［M］．上海：上海教育出版社，2003．

［21］杨小微，刘卫华．教育研究的理论与方法［M］．武汉：湖北教育出版社，1994．

［22］赵忠心．家庭教育学［M］．北京：人民教育出版社，1994．

［23］施良方．课程新论［M］．北京：教育科学出版社，1996．

［24］刘电芝．现代学前教育研究方法［M］．重庆：西南师范大学出版社，1999．

［25］霍力岩．学前教育评价［M］．北京：北京师范大学出版社，2000．